প্রতিবেশীদের সাথে সমস্যা

এবং তাদের সমাধান

শিব প্রসাদ বোস
জয় বোস

প্রতিবেশীদের সাথে সমস্যা: এবং তাদের সমাধান

লেখক: শিব প্রসাদ বোস এবং জয় বোস

Published by Joy Bose

Copyright © 2022 Siva Prasad Bose and Joy Bose

All Rights Reserved

2

প্রতিবেশীদের সাথে সমস্যা

সুচিপত্র

ভূমিকা
অধ্যায় 1: ভালো প্রতিবেশী এবং খারাপ প্রতিবেশী
অধ্যায় 2: বিভিন্ন ধরণের প্রতিবেশী সমস্যা
অধ্যায় 3: প্রতিবেশীদের দ্বারা সৃষ্ট সমস্যার সমাধান
অধ্যায় 4: প্রতিবেশীদের দ্বারা অতিরিক্ত শব্দ এবং ঝামেলা
অধ্যায় 5: প্রতিবেশীদের অবৈধ দখল, অনুপ্রবেশ এবং নির্মাণ
অধ্যায় 6: পানি এবং বিদ্যুতের মতো ইউটিলিটি সম্পর্কিত বিরোধ
অধ্যায় 7: প্রতিবেশীদের কাছ থেকে হুমকি, সহিংসতা এবং হয়রানি
অধ্যায় 8: শিশু এবং পোষা প্রাণীর সাথে সম্পর্কিত সমস্যা
অধ্যায় 9: গাছপালা এবং গাছপালা সম্পর্কিত সমস্যা
অধ্যায় 10: যখন প্রতিবেশীরা আপনাকে হয়রানি করার জন্য মিথ্যা, ভিত্তিহীন অভিযোগ করে
অধ্যায় 11: উপসংহার
লেখকদের সম্পর্কে
পরিশিষ্ট ক: আইনি পরিভাষার শব্দকোষ

3

প্রতিবেশীদের সাথে সমস্যা

পরিশিষ্ট খ: দ্রুত রেফারেন্স — কোন সমস্যায় কোথায় যোগাযোগ করবেন

ভূমিকা

প্রায়শই বলা হয় যে আমরা সবসময় আমাদের প্রতিবেশীদের বেছে নিতে পারি না। কখনও কখনও, আমরা সৌভাগ্যবান যে আমাদের এমন প্রতিবেশী আছে যারা ভালো সম্পর্ক গড়ে তোলে, সম্প্রদায়ের অনুভূতি এবং পারস্পরিক সহায়তা তৈরি করে। অন্যদিকে, কিছু প্রতিবেশী সমস্যার সৃষ্টি করতে পারে, যার ফলে আমাদের নিজের বাড়িতে শান্তিপূর্ণভাবে বসবাস করা কঠিন হয়ে পড়ে।

এই বইটিতে, আমরা প্রতিবেশীদের সাথে সাধারণ সমস্যাগুলি অন্বেষণ করি এবং এই সমস্যাগুলি সমাধানের জন্য ব্যবহারিক কৌশল প্রদান করি। শব্দদূষণ থেকে শুরু করে অনুপ্রবেশ এবং হয়রানি পর্যন্ত, আমরা এই চ্যালেঞ্জগুলি মোকাবেলা করার জন্য কার্যকর পদক্ষেপগুলি অফার করি। যদিও প্রাথমিকভাবে ব্যবহারিক সমাধানের উপর জোর দেওয়া হয়, আমরা প্রযোজ্য ক্ষেত্রে আইনি প্রতিকারও নিয়ে আলোচনা করি।

এই বইটি ভারতীয় প্রেক্ষাপটের সাথে খাপ খাইয়ে নেওয়া হয়েছে, ভারতীয় পাড়াগুলিতে সাধারণত সম্মুখীন হওয়া সমস্যা এবং আইনি উপায়গুলি সমাধান করে। তবে, এই সমস্যা এবং সমাধানগুলির অনেকগুলি সর্বজনীন এবং ভৌগোলিকভাবে প্রযোজ্য।

অধ্যায় 1: ভালো প্রতিবেশী এবং খারাপ প্রতিবেশী

আমাদের সকলেরই প্রতিবেশী আছে, যাদের মধ্যে কেউ কেউ ভালো এবং কেউ কেউ খারাপ বলে আমরা মনে করি। খারাপ প্রতিবেশী আমাদের জীবনকে চাপপূর্ণ এবং চ্যালেঞ্জিং করে তুলতে পারে, ভালো প্রতিবেশী আমাদের মঙ্গল এবং সুখ উল্লেখযোগ্যভাবে বৃদ্ধি করতে পারে।

একজন ভালো প্রতিবেশীকে খারাপ প্রতিবেশী থেকে কী আলাদা করে? ভালো প্রতিবেশী থাকার সুবিধা কী? খারাপ প্রতিবেশীদের কারণে সৃষ্ট সমস্যাগুলি কতটা তীব্র হতে পারে? এই অধ্যায়ে এই প্রশ্নগুলি অন্বেষণ করা হয়েছে এবং প্রতিবেশী-সম্পর্কিত সমস্যাগুলির মাত্রা আরও ভালভাবে বোঝার জন্য বিশ্বব্যাপী জরিপ থেকে প্রাপ্ত ফলাফলগুলি তুলে ধরা হয়েছে।

1.1 ভালো প্রতিবেশী কী করে?

ভালো প্রতিবেশীরা বিবেচক, আনন্দ ভাগাভাগি করে, কঠিন সময়ে একে অপরকে সমর্থন করে এবং একে অপরের সীমানাকে সম্মান করে সম্প্রদায়ের মনোভাব গড়ে তোলে। তারা অতিরিক্ত বিরক্তিকর হওয়া বা অপ্রয়োজনীয় ঝামেলা সৃষ্টি করা এড়িয়ে চলে।

ভালো প্রতিবেশী হল তারা যারা তাদের প্রতিবেশীদের যত্ন নেয়, যারা পাড়ায় একটি সম্প্রদায়ের মনোভাব গড়ে তোলার চেষ্টা করে, যারা তাদের সুখ-দুঃখ ভাগ করে নেয় এবং তাদের প্রতিবেশীদের যখন তারা কঠিন সময়ের মধ্য দিয়ে যাচ্ছে তখন সাহায্য ও সমর্থন করে। তারা তাদের প্রতিবেশীদের সম্পর্কে অতিরিক্ত বিরক্তিকর নয়, তাদের বিরক্ত করার চেষ্টা করে না এবং অতিরিক্ত শব্দ বা অন্যান্য অসুবিধার মাধ্যমে তাদের বিরক্ত না করার বিষয়ে সচেতন থাকে। তারা প্রতিবেশীদের অনুমতি নেয় অথবা অন্তত তাদের জানাতে পারে যদি তাদের এমন কোনও উদযাপন বা পার্টির পরিকল্পনা থাকে যা শেষের দিকে অতিরিক্ত শব্দ সৃষ্টি করতে পারে। এই ধরণের যেকোনো পার্টির শেষে, তারা তাৎক্ষণিকভাবে অবশিষ্ট আবর্জনা পরিষ্কার করে। নির্মাণের সময় যেকোনো উচ্চ শব্দের তাদের প্রতিবেশীদের উপর

প্রভাব সম্পর্কে তারা সচেতন থাকে। সংক্ষেপে, তারা তাদের প্রতিবেশীদের প্রতি সত্যিকার অর্থে যত্নশীল এবং তাদের কোনও ধরণের অভিযোগ না করার জন্য যথাসাধ্য চেষ্টা করে।

ভালো প্রতিবেশীরা সম্প্রদায়ের অনুষ্ঠান, উৎসব এবং এমন কার্যকলাপ আয়োজন করে আরও এক ধাপ এগিয়ে যায় যা বিশ্বাস এবং বন্ধুত্ব তৈরি করে। এটি কেবল তাদের নিজস্ব মঙ্গলই বাড়ায় না বরং একটি সমৃদ্ধ পাড়ায়ও অবদান রাখে।

লেখক মেক উইকিংয়ের "দ্য লিটল বুক অফ লাইকে" বইটিতে, যিনি ওয়ার্ল্ড হ্যাপিনেস ইনস্টিটিউটের পরিচালকও, জাতিসংঘের টেকসই উন্নয়ন সমাধান নেটওয়ার্কের ২০১৯ সালের বিশ্ব সুখ প্রতিবেদনটি উদ্ধৃত করেছেন, যা একটি দেশের সুখের অন্যতম কারণ হিসেবে সম্প্রদায়ের অনুভূতিকে বিবেচনা করে। এই ধারণাটি হলো কঠিন সময়ে আমাদের প্রতিবেশীদের সাহায্যের জন্য আমরা নির্ভর করতে পারি।

উইকিং সম্প্রদায়ের মনোভাব গড়ে তোলার বিভিন্ন উপায়ের পরামর্শ দেয়, যেমন:

- দক্ষতা, সম্পদ বা সাহায্য করার ইচ্ছা আছে এমন বাসিন্দাদের চিহ্নিত করার জন্য একটি পাড়ার ডিরেক্টরি তৈরি করা।

- ভাগ করে পড়ার জন্য একটি বই ধার দেওয়ার আলমারি বা মিনি-লাইব্রেরি স্থাপন করা।

- সমাবেশ এবং কথোপকথনের জন্য পাবলিক স্থান তৈরি করা।

- একটি সম্প্রদায়ের বাগান স্থাপন করা।

সকলের একই সরঞ্জাম কেনার প্রয়োজনীয়তা কমাতে একটি সরঞ্জাম ভাগাভাগি প্রোগ্রাম শুরু করা।

• অন্তর্ভুক্তিমূলক পাড়ার অনুষ্ঠান আয়োজন করা, যাতে কেউ বঞ্চিত বোধ না করে।

একজন ভালো প্রতিবেশী কী করে এবং কীভাবে একজন সচেতনভাবে পাড়ায় সম্প্রদায়ের অনুভূতি তৈরি করার চেষ্টা করতে পারে তা দেখার পর, আসুন এখন গৃহীত কিছু জরিপের উপর ভিত্তি করে প্রতিবেশীদের সাথে কয়েক ধরণের জরুরি সমস্যা নিয়ে আলোচনা করা যাক।

1.2 প্রতিবেশীদের প্রতি সমস্যা এবং মনোভাব সম্পর্কে জরিপ

এই বিভাগে, আমরা কিছু দেশে তাদের প্রতিবেশীদের প্রতি মানুষের মনোভাব এবং প্রতিবেশীদের সাথে প্রধান ধরণের সমস্যার বিষয়ে কয়েকটি জরিপ বিবেচনা করি।

২০১৯ সালে মার্কিন যুক্তরাষ্ট্রে পরিচালিত পিউ রিসার্চের একটি জরিপে নিম্নলিখিত ফলাফল পাওয়া গেছে:

- বেশিরভাগ আমেরিকান (৫৭%) বলেছেন যে তারা তাদের কিছু প্রতিবেশীকে চেনেন; অনেক কম (২৬%) বলেছেন যে তারা তাদের বেশিরভাগকেই চেনেন

- যারা কমপক্ষে কিছু প্রতিবেশীকে চেনেন তাদের মধ্যে বেশিরভাগ (৫৮%) বলেছেন যে তারা কখনও পার্টি বা আড্ডায় তাদের সাথে দেখা করেন না।

এই জরিপে দেখা গেছে যে এই আন্তঃসংযুক্ত এবং আধুনিক বিশ্বে, আমরা এক বা দুই প্রজন্ম আগের তুলনায় আমাদের প্রতিবেশীদের থেকে আরও বিচ্ছিন্ন এবং দূরে সরে যাচ্ছি। ভারতের মতো অন্যান্য দেশের ক্ষেত্রেও সম্ভবত একই প্রবণতা রয়েছে।

প্রতিবেশীদের সাথে সমস্যা

homes.com ওয়েবসাইটের ২০১৭ সালে মার্কিন পরিবারের উপর করা আরেকটি জরিপে নিম্নলিখিত ফলাফল দেখা গেছে:

- জরিপে অংশগ্রহণকারীদের ৩৬% এর প্রতিবেশীদের সাথে বিরোধ ছিল যা সম্পূর্ণ তর্ক-বিতর্কে পরিণত হয়েছিল।

- প্রতিবেশীদের মধ্যে ১ জনের একজনের প্রতিবেশীর সাথে দীর্ঘস্থায়ী বিরোধ ছিল।

প্রতিবেশীদের বিরোধের প্রধান কারণগুলির মধ্যে রয়েছে পার্কিং, সাধারণ শব্দ, আবর্জনা বা জঞ্জাল এবং পশুর শব্দ।

- ৪০% আমেরিকান তাদের প্রতিবেশীদের এড়িয়ে চলছিল, যার প্রধান কারণগুলি ছিল অতিরিক্ত ব্যস্ততা, প্রতিবেশীরা খুব বেশি বিরক্তিকর, তারা অদ্ভুত এবং তাদের সাথে ভালো ব্যবহার ছিল না।

- ১৬% তাদের আংশিকভাবে প্রতিবেশীর কারণে তাদের বাসস্থান পরিবর্তন করেছিল এবং ২০% প্রতিবেশীদের কারণে অন্যত্র যাওয়ার কথা ভাবছিল।

Porch.com-এর একটি জরিপের উপর ভিত্তি করে ওয়াশিংটন পোস্টের ২০১৯ সালের একটি

প্রতিবেদনে প্রকাশ করা হয়েছে যে প্রতিবেশীদের শীর্ষ চারটি বিরক্তিকর কার্যকলাপের মধ্যে রয়েছে বিরক্তিকর আচরণ, উচ্চস্বরে পার্টি করা, তাদের পোষা প্রাণীদের পিছু না নেওয়া এবং অন্য কারো নির্ধারিত স্থানে গাড়ি পার্ক করা। অন্যান্য সমস্যার মধ্যে রয়েছে তাদের প্রতিবেশীদের উপর পুলিশ ডাকা, মুখোমুখি কথা বলার পরিবর্তে নোট রেখে যাওয়া, উচ্চস্বরে যৌন মিলন করা, সঠিকভাবে পোশাক না পরে ঘুরে বেড়ানো এবং প্রতিবেশীর দৃষ্টিভঙ্গিতে বাধা সৃষ্টি করে এমন নির্মাণ।

সম্পত্তি ওয়েবসাইট গুডমুভের যুক্তরাজ্যের পরিবারের উপর করা একটি জরিপে দেখা গেছে যে মাত্র ১৭% মানুষ তাদের প্রতিবেশীদের সাথে মেলামেশা করতে চায়, যেখানে ৯% উত্তরদাতারা প্রতিবেশীদের সাথে একেবারেই যোগাযোগ করতে চাননি। প্রতিবেশীদের সমস্যাগুলির মধ্যে, ৬৪% মানুষ উচ্চস্বরে কথা বলাকে সবচেয়ে বড় সমস্যা বলে মনে করেছেন, যার মধ্যে ৪১% উচ্চস্বরে শিশুদের, ৩৬% উচ্চস্বরে পোষা প্রাণী এবং ২৫% উচ্চস্বরে যৌন মিলনের ক্ষেত্রে রয়েছে। অন্যান্য সমস্যার মধ্যে ছিল ৫৩% ক্ষেত্রে গোলমাল, ৫২% ক্ষেত্রে প্রতিবেশীদের দ্বারা দুর্বল পার্কিং, ৪৯% ক্ষেত্রে সম্ভাব্য অবৈধ কার্যকলাপ সহ সন্দেহজনক জীবনধারা এবং ৪১% ক্ষেত্রে প্রচুর পার্টি করা।

প্রতিবেশীদের দ্বারা অনুমোদনহীন নির্মাণ এবং দুর্বল বাগান বা গৃহস্থালি রক্ষণাবেক্ষণ জরিপে উল্লিখিত অন্যান্য সমস্যা।

1.3 উপসংহার

এই অধ্যায়ে ভালো প্রতিবেশীদের গুণাবলী এবং খারাপ প্রতিবেশীদের দ্বারা সৃষ্ট উল্লেখযোগ্য সমস্যাগুলি তুলে ধরা হয়েছে। বিশ্বব্যাপী জরিপগুলি প্রকাশ করে যে প্রতিবেশী-সম্পর্কিত সমস্যাগুলি অস্বাভাবিক নয়, ছোটখাটো বিরক্তি থেকে শুরু করে গুরুতর বিরোধ পর্যন্ত। পারস্পরিক শ্রদ্ধা এবং সম্প্রদায়ের চেতনার সংস্কৃতি গড়ে তোলা এই সমস্যাগুলি হ্রাস করতে এবং একটি সুখী, স্বাস্থ্যকর পাড়া তৈরি করতে সহায়তা করতে পারে।

তথ্যসূত্র:

Penguin Books, Meik Wiking. The little book of Lykke. 2017.

SWNS Digital, September 6, 2021. Neighbors At War - Survey Shows Americans Really Dislike Their Neighbors https://swnsdigital.com/us/2017/10/heres-howmany-americans-have-full-blown-dispute-with-their-neighbors/

Leslie Davis and Kim Parker, Pew research, August 15, 2019. A half-century after 'Mister Rogers' debut, 5 facts about neighbors in U.S. https://www.pewresearch.org/fact-tank/2019/08/15/facts-about-neighbors-in-u-s/

Michele Lerner, The Washington Post, June 29 2018. What's The Worst Kind Of Neighbor? The Nosy Neighbor, Reveals Survey. https://www.ndtv.com/world-news/whats-the-worst-kind-of-neighbor-the-nosy-neighbor-says-us-survey-1875415

Goodmove, Nov 8 2021. Where to Find the UK's Worst (And Best) Neighbors? https://goodmove.co.uk/blog/where-to-find-the-uks-worst-and-best-neighbors-good-move/

অধ্যায় 2: বিভিন্ন ধরণের প্রতিবেশী সমস্যা

প্রতিবেশীরা জীবনের একটি অনিবার্য অংশ; আমরা তাদের বেছে নিই না, কিন্তু আমাদের তাদের সাথে সহাবস্থান করতে হবে। যদিও বেশিরভাগ মানুষ তাদের প্রতিবেশীদের সাথে সৌহার্দ্যপূর্ণ সম্পর্ক বজায় রাখে, বিভিন্ন বিষয়ে বিরোধ দেখা দিতে পারে, যার জন্য আমাদের চিন্তাভাবনা করে সেগুলি সমাধান করতে হবে। এই অধ্যায়ে প্রতিবেশীদের সাধারণ সমস্যা, তাদের প্রভাব এবং সম্ভাব্য সমাধানগুলি অন্বেষণ করা হয়েছে।

2.1 শব্দ এবং ঝামেলা সম্পর্কিত সমস্যা

প্রতিবেশীদের সম্পর্কে সবচেয়ে সাধারণ অভিযোগগুলির মধ্যে রয়েছে শব্দ এবং ঝামেলা।

প্রতিবেশীদের সাথে সমস্যা

প্রতিবেশীর বাড়িতে কোনও পার্টি বা উদযাপন হতে পারে, যেখানে প্রচুর লোকের আগমন ঘটে এবং গভীর রাত পর্যন্ত জোরে গানের শব্দ চলতে থাকে, যা আমাদের শান্তিতে ঘুমাতে দেয় না। অন্যথায়, বিজোড় সময়ে ড্রিলিং বা মেরামতের কাজ চলতে পারে। প্রতিবেশীদের বিদ্যুৎ জেনারেটর বা কোনও গ্যাজেট বা তাদের টিভি খুব জোরে হতে পারে। তাদের নিজেদের মধ্যে বা তৃতীয় পক্ষের সাথে জোরে ঝগড়া হতে পারে।

সমস্যার একটি অংশ, বিশেষ করে অ্যাপার্টমেন্টের ক্ষেত্রে, প্রতিবেশীর অ্যাপার্টমেন্ট এবং আমাদের অ্যাপার্টমেন্টের মধ্যে দেয়ালগুলি এত পাতলা হতে পারে যে সামান্য জোরে হলেও শব্দ দূর করার জন্যও এটি প্রযোজ্য নয়। মেঝে এবং সিলিংয়ের ক্ষেত্রেও একই কথা প্রযোজ্য।

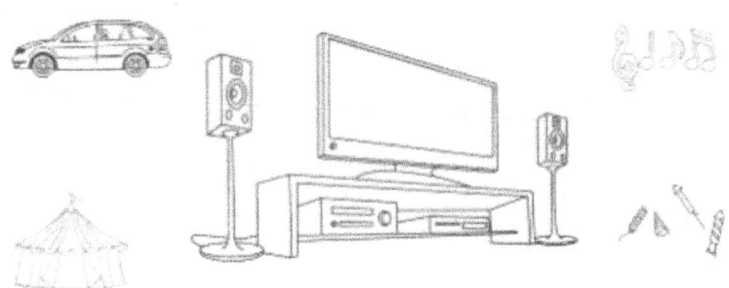

Makes too much noise

প্রতিবেশীদের সাথে সমস্যা

চিত্র: অতিরিক্ত শব্দ এবং ঝামেলার সাথে সম্পর্কিত প্রতিবেশীর সমস্যার একটি চিত্র, বিশেষ করে রাতের বিজোড় সময়ে।

প্রতিবেশীদের দর্শনার্থী বা অতিথিরা তাদের জন্য নির্ধারিত যথাযথ পার্কিং স্পটের পরিবর্তে তাদের প্রতিবেশীদের পার্কিং স্পটে গাড়ি পার্ক করে থাকতে পারে। তারা মাতাল বা উচ্ছৃঙ্খল হতে পারে এবং বিভিন্নভাবে হয়রানির কারণ হতে পারে। তারা সাধারণ স্থানে বা রাস্তায় আবর্জনা ফেলে রাখতে পারে।

উপরের সমস্ত কাজ কেবল দর্শনার্থী বা অতিথিদের দ্বারা নয়, বরং প্রতিবেশীরা নিজেরাই, তাদের ভাড়াটে বা তাদের বাচ্চাদের দ্বারাও হতে পারে।

চিত্র: কারো সম্পত্তিতে প্রতিবেশীদের অনুপ্রবেশ সম্পর্কিত সমস্যার একটি চিত্রণ

2.2 অনুপ্রবেশ এবং সম্পত্তিতে প্রবেশাধিকার সম্পর্কিত সমস্যা

কিছু প্রতিবেশী আমাদের সম্পত্তিতে ঘন ঘন অনুপ্রবেশ করতে পারে। অন্যরা আমাদের সম্পত্তিতে অবৈধ নির্মাণ, সীমানা প্রাচীর বা বেড়া তৈরি করতে পারে। অথবা, তারা গেট, তালা বা অন্যান্য ব্যবস্থা স্থাপন করতে পারে যা আমাদের নিজস্ব সম্পত্তিতে প্রবেশে বাধা সৃষ্টি করে। যদি নিয়ন্ত্রণ না করা হয়, তাহলে তারা কয়েক বছর ধরে ধীরে ধীরে বাগান, সাধারণ এলাকা বা অ-আবাসিক এলাকাগুলিতে অনুপ্রবেশ করতে পারে যতক্ষণ না পুরো এলাকাটি দখল করা হয়।

একইভাবে, সম্পত্তির সাধারণ দরজা বা গেটের ক্ষেত্রে, প্রতিবেশীরা কখনও কখনও ভাগ করা গেটগুলি তালাবদ্ধ করে আমাদের নিজস্ব সম্পত্তিতে প্রবেশে বাধা সৃষ্টি করে আমাদের হয়রানি করতে পারে। এটি দিনের বেলায়ও ঘটতে পারে, এমনকি যখন তাদের তালাবদ্ধ করার প্রয়োজন হয় না বা যখন আমরা ঘর থেকে বের হই। এই ধরনের ক্ষেত্রে, আমরা যখন ফিরে আসি

প্রতিবেশীদের সাথে সমস্যা

তখন তাদের কাছে আমাদের প্রবেশ করতে দেওয়ার জন্য অনুরোধ করা, অথবা পরিবারের কোনও সদস্যকে সাধারণ দরজা খোলার জন্য অনুরোধ করা ঝামেলার কারণ হতে পারে। একাধিক অ্যাপার্টমেন্টের জন্য একটি সাধারণ প্রবেশদ্বার বা প্রস্থান ক্ষেত্র সহ কিছু বহুতল বাড়িতে এটি আরও বেশি সমস্যা হতে পারে।

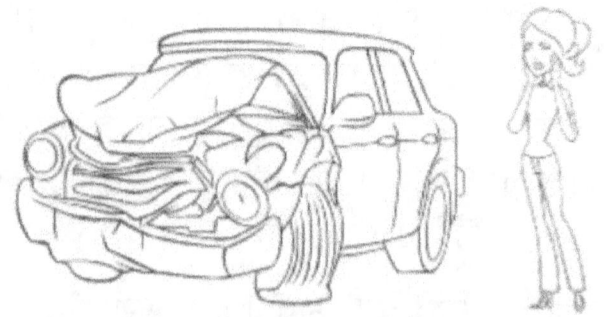

Damages property of neighbors

চিত্র: প্রতিবেশীর সম্পত্তির ক্ষতি, যেমন পার্ক করা গাড়ি, সম্পর্কিত সমস্যার একটি চিত্র।

আরেকটি সমস্যা হতে পারে প্রতিবেশীরা আমাদের সম্পত্তির ক্ষতি করছে, যেমন গাছ কেটে ফেলা, গাড়ি বা অন্যান্য জিনিসপত্রের ক্ষতি করা, বাগানের ক্ষতি করা, বিদ্যমান সীমানা প্রাচীর বা

প্রতিবেশীদের সাথে সমস্যা

গেট ক্ষতিগ্রস্ত করা এবং চলমান নির্মাণ কাজের ফলে ক্ষতি করা। এই ধরনের ক্ষতি কখনও কখনও প্রতিবেশীদের বাচ্চাদের অ্যাপার্টমেন্টের গাড়ি পার্কের কাছে খেলা এবং গাড়িতে আঁচড় ফেলে দেওয়ার কারণে হতে পারে।

এই ধরনের কাজ দীর্ঘমেয়াদী বিরোধের দিকে পরিচালিত করতে পারে যদি সমাধান না করা হয়।

2.3 বিদ্যুৎ এবং পানির মতো ইউটিলিটি সম্পর্কিত সমস্যা

কিছু ক্ষেত্রে, প্রতিবেশীরা বিদ্যুৎ, পানি, গ্যাস এবং ইন্টারনেট সংযোগের মতো ইউটিলিটি চুরি বা বাধাগ্রস্ত করতে পারে।

উদাহরণস্বরূপ, বিদ্যুৎ চুরি ঘটতে পারে যেখানে প্রতিবেশীরা অবৈধভাবে বিদ্যুৎ সরবরাহ সরিয়ে দেওয়ার জন্য গোপনে তার স্থাপন করেছে। এর ফলে আমাদের বিশাল বিলের সম্মুখীন হতে হতে পারে যখন প্রতিবেশী আমাদের খরচে বিনামূল্যে বিদ্যুৎ চুরি করে উপভোগ করে।

প্রতিবেশীরা, কিছু ক্ষেত্রে, বিদ্যুৎ সরবরাহে হস্তক্ষেপ করতে পারে, মিটারে হস্তক্ষেপ করতে

প্রতিবেশীদের সাথে সমস্যা

পারে বা তার কেটে আমাদের হয়রানি করতে পারে।

পানি চুরির ক্ষেত্রেও একই কথা প্রযোজ্য হতে পারে: প্রতিবেশী হয়তো শহর বা পৌরসভা কর্তৃপক্ষ কর্তৃক সরবরাহিত পানির প্রবাহকে ভিন্ন দিকে ঠেলে দেওয়ার জন্য পাইপ বা অন্য কোনও ব্যবস্থা তৈরি করে থাকতে পারে, যা আমাদের অজানা। এর ফলে আমাদের পানির বিল বেড়ে যাবে এবং আমাদের খরচে তাদের জন্য বিনামূল্যে পানি ব্যবহার করা হবে। অন্যথায়, তারা পানির পাম্প এবং পাইপ ব্যবহারে হস্তক্ষেপ করতে পারে যাতে আমাদের এটি ব্যবহারে বাধা সৃষ্টি হয়। তারা ভবনে সাধারণ পানির ট্যাঙ্কের নিয়ন্ত্রণে থাকতে পারে এবং হয়রানি এবং সমস্যা তৈরি করার জন্য সময়ে সময়ে ট্যাঙ্ক থেকে পানি কেটে দেয়।

সমস্যাটি কেবল টিভি, গ্যাস, ইন্টারনেট ইত্যাদির মতো অন্যান্য ভাগ করা ইউটিলিটি বিলের ক্ষেত্রেও হতে পারে। প্রতিবেশীরা কখনও কখনও তাদের ন্যায্য অংশের ইউটিলিটি বিল পরিশোধে বিলম্ব করতে পারে বা অস্বীকার করতে পারে, যেখানে ইউটিলিটি কোম্পানিগুলির সম্পত্তির সাথে একটি সাধারণ সংযোগ রয়েছে। এর ফলে আমাদের এমন পরিস্থিতিতে পড়তে হতে পারে যেখানে আমাদের

পরিশোধ করতে হবে অথবা সংযোগ বিচ্ছিন্ন হওয়ার ঝুঁকি নিতে হবে।

2.4 হাউজিং সোসাইটি বা অ্যাপার্টমেন্ট কমপ্লেক্সে ফ্ল্যাট সম্পর্কিত সমস্যা

হাউজিং সোসাইটি বা ফ্ল্যাট কমপ্লেক্সে, অনেক লোক কাছাকাছি বাস করে। এই পরিস্থিতি পৃথক বাড়ির থেকে আলাদা। এটি অনন্য সমস্যা তৈরি করতে পারে। উদাহরণস্বরূপ, পাতলা দেয়াল বা সিলিং দ্বারা শব্দ বৃদ্ধি পেতে পারে। প্রতিবেশীরা তাদের আবর্জনা সাধারণ এলাকায় ফেলে রাখতে পারে বা পরিষ্কার না করে। তারা ছোট ছোট নির্মাণ করে সাধারণ এলাকায় দখল করতে পারে, অথবা জুতার র‍্যাকের মতো তাদের জিনিসপত্র সাধারণ এলাকায় ফেলে রাখতে পারে, যার ফলে অন্যান্য অ্যাপার্টমেন্টের জন্য উপলব্ধ জায়গা হ্রাস পায়। আবর্জনা এলাকা বা খেলার জায়গার মতো অন্যান্য ভাগ করা সুযোগ-সুবিধার ক্ষেত্রেও একই ঘটনা ঘটতে পারে, যেমন সঠিকভাবে রক্ষণাবেক্ষণ না করা।

2.5 স্বাধীন বাড়ি বা ভিলা সম্পর্কিত সমস্যা

স্বাধীন বাড়িতে বসবাসকারী লোকেরা তাদের প্রতিবেশীদের কাছ থেকে বিভিন্ন ধরণের সমস্যার সম্মুখীন হতে পারে। এই সমস্যাগুলির মধ্যে সীমানা সমস্যা এবং পার্কিং সমস্যা অন্তর্ভুক্ত থাকতে পারে। উদাহরণস্বরূপ, একজন প্রতিবেশী তাদের জায়গা দখল করে থাকতে পারে বা সীমানা প্রাচীর তৈরি করে থাকতে পারে বা অন্যান্য অবৈধ নির্মাণ করতে পারে। নিরাপত্তা সম্পর্কিত ঘটনা ঘটতে পারে, যেমন মালিক দীর্ঘ সময়ের জন্য দূরে থাকলে সম্পত্তিতে দখল বৃদ্ধি বা চুরির ঘটনা।

2.6 আবাসন সমিতি সম্পর্কিত সমস্যা

আবাসন সমিতি হল স্বায়ত্তশাসিত সমবায় সমিতি যা একটি নির্দিষ্ট আবাসিক কমপ্লেক্স যেমন একটি কলোনি, ফ্ল্যাট ব্লক, ভিলা ব্লক বা স্বাধীন বাড়ির যত্ন নেয়। এই ধরনের আবাসন সমিতি এবং তাদের ব্যবস্থাপনার দ্বারা একাধিক ধরণের সমস্যা হতে পারে, যেমন নিম্নলিখিত:

- বাসিন্দাদের বা তাদের অতিথি এবং দর্শনার্থীদের উপর অপ্রয়োজনীয় বা অযৌক্তিক নীতি এবং বিধিনিষেধ আরোপ করা। এর মধ্যে নির্দেশিকাগুলির নির্বাচনী প্রয়োগ অন্তর্ভুক্ত থাকতে পারে।

- মালিকদের তাদের ফ্ল্যাট ভাড়া দেওয়ার অনুমতি আছে কিনা এবং কোন ধরণের লোকদের ভাড়া দেওয়া যেতে পারে তার উপর বৈষম্যমূলক বিধিনিষেধ আরোপ করা।

দুর্নীতি: যেমন বাসিন্দাদের কাছ থেকে সংগৃহীত রক্ষণাবেক্ষণের জন্য তহবিলের অব্যবস্থাপনা।

বাসিন্দা এবং ভাড়াটেদের উপর অতিরিক্ত এবং স্বেচ্ছাচারী ফি এবং চার্জ আরোপ করা।

কিছু বাসিন্দা বা তাদের অতিথিদের জন্য বিনোদন কক্ষ, সভা কক্ষ, পার্কিং এলাকা এবং খেলার জায়গার মতো সাধারণ সুবিধাগুলি ব্যবহার করতে অস্বীকৃতি।

সমস্ত ফ্ল্যাটের সাথে সমান আচরণ না করা বরং রাজনৈতিকভাবে শক্তিশালী কিছু ফ্ল্যাটের জন্য অগ্রাধিকার নীতি তৈরি করা।

2.7 সহিংসতা এবং হুমকি সম্পর্কিত প্রতিবেশীদের সমস্যা

প্রতিবেশীদের সাথে সমস্যা

চিত্র: শারীরিক ও মৌখিক হুমকি এবং সহিংসতার সাথে সম্পর্কিত প্রতিবেশীর সমস্যার একটি চিত্রণ

চিত্র: দুই প্রতিবেশীর মধ্যে লড়াইয়ের একটি চিত্র।

প্রতিবেশীদের সাথে সমস্যা

কিছু প্রতিবেশী উগ্র, হুমকি দিতে পারে এবং সহিংসতা ও ভয়ভীতি দেখাতে পারে। তাদের উদ্দেশ্য হতে পারে আমাদের সম্পত্তি সস্তায় বিক্রি করতে হয়রানি করা, অথবা সম্পত্তি ছেড়ে দিতে হয়রানি করা যাতে তারা অবৈধভাবে দখল করতে পারে।

প্রতিবেশীরা আমাদের গৃহকর্মী, যেমন গৃহকর্মী, রাঁধুনি এবং মালীকে হুমকিও দিতে পারে। অথবা, তারা ডেলিভারি কর্মীদের সমস্যা তৈরি করে হোম ডেলিভারি বা ডাকের মতো পরিষেবাগুলিতে আমাদের প্রবেশাধিকার বাধাগ্রস্ত করতে পারে।

কখনও কখনও প্রতিবেশীরা ইচ্ছাকৃতভাবে যোগাযোগ বিচ্ছিন্ন করে দিতে পারে, যেমন আমাদের কল রিসিভ করতে অস্বীকৃতি জানিয়ে বা আমাদের নম্বর ব্লক করে, যাতে সমস্যাগুলি সম্পর্কে তাদের সাথে কথা বলাও কঠিন হয়ে পড়ে। আমরা যদি তাদের সাথে যোগাযোগ করার জন্য তাদের ডোরবেল বাজানোর সাহস করি, তবে তারা আমাদের ভয় দেখানো বা হুমকি দেওয়ার চেষ্টা করতে পারে।

2.8 অস্থাবর সম্পত্তি চুরির সাথে সম্পর্কিত প্রতিবেশীদের কাছ থেকে সমস্যা

প্রতিবেশীদের সাথে সমস্যা

আমাদের প্রতিবেশীরা (অথবা তাদের দর্শনার্থী বা ভাড়াটে) কখনও কখনও আমাদের সম্পত্তিতে ছোটখাটো চুরি করতে পারে।

চিত্র: চোর ঘরে চুরি করছে

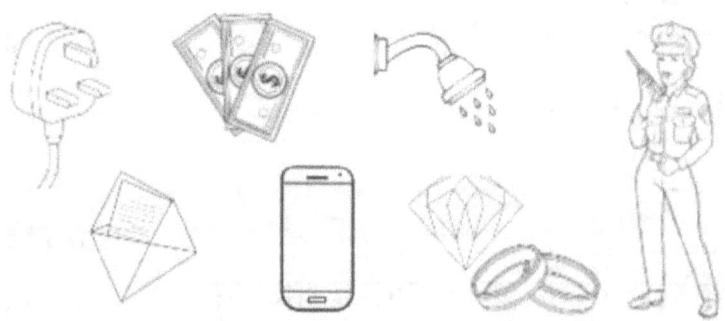

চিত্র: ছোটখাটো চুরির সাথে সম্পর্কিত প্রতিবেশীর সমস্যার একটি চিত্রণ

চুরি হওয়ার ঘটনাগুলোর মধ্যে রয়েছে ডাকঘরের মতো অরক্ষিত বা সাধারণ জায়গায় রাখা ছোট ছোট জিনিসপত্র। এর মধ্যে দৈনিক সংবাদপত্র বা সাবস্ক্রাইব করা ম্যাগাজিন অন্তর্ভুক্ত থাকতে পারে। এমনকি এটি ল্যাপটপ, সরঞ্জাম, গ্যাজেট এবং আমাদের বাড়িতে সংরক্ষিত অন্যান্য মূল্যবান জিনিসপত্র, এমনকি যানবাহন পর্যন্তও যেতে পারে। যখন মালিকরা ছুটিতে বা দীর্ঘ সময়ের জন্য বাইরে থাকেন, তখন প্রতিবেশীদের দ্বারা চুরি বা চুরির প্রচেষ্টা বৃদ্ধি পেতে পারে।

2.9 প্রতিবেশীদের দ্বারা প্রবীণ নাগরিকদের সমস্যা

বয়স্ক নাগরিকরা প্রায়শই একা থাকেন এবং প্রতিবেশীরা তাদের দুর্বল বা দুর্বল লক্ষ্যবস্তু হিসেবে বিবেচনা করতে পারেন। প্রতিবেশীদের দ্বারা প্রবীণ নাগরিকদের হুমকি এবং হয়রানির একাধিক ঘটনা ঘটতে পারে, যেমন তাদের সম্পত্তি ছিনিয়ে নেওয়া বা সস্তায় সম্পত্তি ছেড়ে চলে যেতে বা বিক্রি করতে প্ররোচিত করার জন্য হয়রানি। এর মধ্যে সাধারণ

দৈনন্দিন কাজ করার সময় বাধা এবং হয়রানি, অথবা প্রবীণ নাগরিকরা যাদের উপর নির্ভর করেন তাদের সাহায্যকারীদের হয়রানিও অন্তর্ভুক্ত থাকতে পারে। এর মধ্যে বিদ্যুৎ এবং জলের মতো সাধারণ ইউটিলিটি ব্যবহারে বাধাও অন্তর্ভুক্ত থাকতে পারে।

2.10 প্রতিবেশীদের দ্বারা মহিলাদের জন্য বিশেষ সমস্যা

যদি একা থাকেন তবে মহিলাদেরও দুর্বল এবং নরম লক্ষ্যবস্তু হিসেবে বিবেচনা করা যেতে পারে। নিয়মিত হয়রানি এবং অন্যান্য সমস্যা ছাড়াও, প্রতিবেশী বা তাদের সাথে দেখা করা ব্যক্তিদের দ্বারা যৌন হয়রানি একটি অতিরিক্ত সমস্যা হতে পারে। তাদের জীবনধারা সম্পর্কে অপ্রয়োজনীয় অনুসন্ধান এবং গুজব ছড়ানোও কিছু ক্ষেত্রে একটি সমস্যা হতে পারে। এর মধ্যে বিরোধের ক্ষেত্রে ভয় দেখানো বা জোর করাও অন্তর্ভুক্ত থাকতে পারে।

প্রতিবেশীদের সাথে সমস্যা

চিত্র: একটি ভারতীয় পাড়ায় বাচ্চাদের লড়াই

2.11 প্রতিবেশীদের কাছ থেকে শিশুদের সাথে সম্পর্কিত সমস্যা

আমাদের নিজেদের বা প্রতিবেশীদের বাচ্চাদের সাথে সম্পর্কিত অনেক সমস্যা থাকতে পারে। কখনও কখনও, আমাদের বাচ্চারা ছাদে বা কাদাযুক্ত বা পিচ্ছিল জায়গায়, যেমন অনিরাপদ জায়গায় প্রতিবেশীদের বাচ্চাদের সাথে খেলার সময় আঘাত পেতে পারে। অন্য সময়ে, দুটি দলের বাচ্চাদের মধ্যে ঝগড়া হতে পারে এবং একজনের বাচ্চারা আহত হতে পারে।

প্রতিবেশীদের বাচ্চারা আমাদের বাচ্চাদের ধমক দিতে পারে। কখনও কখনও, প্রতিবেশীর প্রাপ্তবয়স্করা আমাদের বাচ্চাদের তিরস্কার করতে পারে বা আঘাত করতে পারে। অন্য সময়ে, প্রতিবেশীর বাচ্চারা খেলার সময়, আঁচড় ফেলে যেতে পারে বা আমাদের পার্ক করা যানবাহন বা অন্যান্য সম্পত্তির ক্ষতি করতে পারে। একইভাবে, প্রতিবেশীদের বাচ্চারা খুব বেশি শব্দ করতে পারে এবং আমাদের শান্তি বিঘ্নিত করতে পারে। বাচ্চাদের সাথে জড়িত বিভিন্ন সমস্যা মোকাবেলা করার সময় আমাদের সংবেদনশীলতা এবং বোধগম্যতা থাকা দরকার।

2.12 পোষা প্রাণী এবং গাছপালা সম্পর্কিত প্রতিবেশীদের কাছ থেকে সমস্যা

প্রতিবেশীদের পোষা কুকুর বা বিড়াল প্রস্রাব করে বা মলত্যাগ করে কারও সম্পত্তিতে উপদ্রব সৃষ্টি করতে পারে, অথবা বাসিন্দাদের বা তাদের অতিথিদের কামড়াতে বা ভয় দেখাতে পারে। পোষা প্রাণীদের কাছ থেকে এই ধরণের হয়রানি তাদের মালিকদের দ্বারা সঠিকভাবে নিয়ন্ত্রণ না করার কারণে হতে পারে।

একইভাবে, প্রতিবেশীদের গাছপালা কারও জায়গায় অতিরিক্ত বেড়ে উঠতে পারে অথবা কারও জানালা থেকে সূর্যের আলো আসতে বাধা দিতে পারে। এরকম আরও অনেক সমস্যা থাকতে পারে। প্রতিবেশীরা ইচ্ছাকৃতভাবে আমাদের গাছপালার ক্ষতি করতে পারে অথবা জল সরবরাহে বাধা সৃষ্টি করতে পারে।

2.13 উপসংহার

প্রতিবেশী-সম্পর্কিত বিরোধগুলি কারও মনের শান্তি, নিরাপত্তা এবং জীবনযাত্রার মানকে উল্লেখযোগ্যভাবে প্রভাবিত করতে পারে। এই সাধারণ সমস্যাগুলি বোঝা হল কার্যকরভাবে সমাধানের প্রথম পদক্ষেপ। পরবর্তী অধ্যায়গুলিতে এই সমস্যাগুলি সমাধানের জন্য ব্যবহারিক কৌশল এবং আইনি প্রতিকারগুলি অন্বেষণ করা হবে।

অধ্যায় 3: প্রতিবেশীদের দ্বারা সৃষ্ট সমস্যার সমাধান

প্রতিবেশীদের বিরোধ নিষ্পত্তির জন্য একটি শান্ত, কৌশলগত পদ্ধতির প্রয়োজন। বন্ধুত্বপূর্ণ আলোচনা দিয়ে শুরু করা এবং প্রয়োজনে কেবল আইনি প্রতিকারের দিকে এগিয়ে যাওয়া প্রায়শই সর্বোত্তম। এই অধ্যায়ে সাধারণ প্রতিবেশী সমস্যাগুলি কার্যকরভাবে সমাধানের জন্য বিভিন্ন কৌশলের রূপরেখা দেওয়া হয়েছে।

3.1 প্রতিবেশীদের সাথে আলোচনা

প্রতিবেশীদের যেকোনো সমস্যার ক্ষেত্রে, যেকোনো আইনি বা উত্তেজনাপূর্ণ পদক্ষেপের আগে, সর্বদা বন্ধুত্বপূর্ণ এবং সৌহার্দ্যপূর্ণভাবে আলোচনা করা উচিত। এটি গোলমালের মতো সমস্যা সমাধানের সবচেয়ে কম প্রচেষ্টা, সবচেয়ে কম চাপ এবং সস্তা উপায়। কিছু ক্ষেত্রে,

প্রতিবেশীদের সাথে সমস্যা

কোলাহলপূর্ণ বা ঝামেলাপূর্ণ প্রতিবেশীরা হয়তো জানেন না যে তারা সমস্যা সৃষ্টি করছে। অতএব, কেবল তাদের নির্দিষ্ট আচরণ ব্যাখ্যা করে সমস্যাটি তৈরি করছে তা বন্ধ করার অনুরোধ করলেই কাজ হতে পারে। সমস্যাটি সনাক্ত হওয়ার সাথে সাথে এবং স্পষ্ট হওয়ার সাথে সাথেই এটি করা উচিত এবং খুব বেশি পরে নয়।

অতএব, কোনও সমস্যার ক্ষেত্রে, আমরা প্রতিবেশীদের সাথে শান্তভাবে কথা বলার চেষ্টা করতে পারি, তাদের আচরণ কীভাবে আমাদের সমস্যায় ফেলছে তা ব্যাখ্যা করতে পারি এবং তাদের আচরণ বন্ধ করার জন্য বিনীতভাবে অনুরোধ করতে পারি। ঘটনাটি ঘটার পরে বা আপনি যখনই কোনও সমস্যা লক্ষ্য করবেন তখনই এটি করা উচিত। বিলম্ব উত্তেজনা বাড়িয়ে তুলতে পারে। এটি মৌখিকভাবে অথবা ছোট চিঠি, ইমেল বা বার্তাপ্রেরণ, অথবা এর কিছু সংমিশ্রণ, বিস্তারিত তথ্য এবং ছবি বা ভিডিও সহ করা যেতে পারে। পরবর্তী পদক্ষেপে যাওয়ার আগে আমরা কমপক্ষে দুই বা তিনবার এই আলোচনার কৌশলটি পুনরাবৃত্তি করতে পারি।

উদাহরণস্বরূপ, যদি রাতে প্রতিবেশীদের দলে খুব বেশি শব্দ হয়, তাহলে পরের দিন আমরা প্রতিবেশীদের জানাতে পারি যে অতিরিক্ত শব্দ

প্রতিবেশীদের সাথে সমস্যা

আমাদের ঘুমাতে অসুবিধা করছে। যদি প্রতিবেশী আমাদের সম্পত্তি দখল করে বা কিছু নির্মাণ সামগ্রী স্থাপন করে, তাহলে তাদের উপাদানগুলি সরিয়ে ফেলতে বা দখল অপসারণ করতে আলতো করে জানিয়ে কাজ করতে পারে।

প্রতিবেশীদের তাদের আচরণের কারণে যে সমস্যা হচ্ছে তা জানানোর সময়, আমাদের সরাসরি তাদের দোষ দেওয়া উচিত নয়, বরং তাদের আচরণের নির্দিষ্ট উদাহরণগুলি কীভাবে আমাদের নির্দিষ্ট সমস্যার সৃষ্টি করছে তা দেখানোর চেষ্টা করা উচিত। আমাদের তাদের পরিস্থিতির প্রতি সহানুভূতি দেখানোর চেষ্টা করা উচিত।

আমরা প্রতিবেশীদের কিছু ইতিবাচক প্রণোদনা দেওয়ার চেষ্টা করতে পারি যাতে তারা ঝামেলাপূর্ণ আচরণ বন্ধ করতে অনুপ্রাণিত হয়, প্রয়োজনে সাহায্য বা সহযোগিতা করার ইচ্ছা প্রকাশ করে, যেমন মেরামত প্রকল্পে সহায়তা করা বা সরঞ্জাম ভাগ করে নেওয়া।

আলোচনার পর্যায়ে, আমাদের অর্থহীন ঝগড়া বা তর্ক এড়াতে চেষ্টা করা উচিত। শান্ত থাকা এবং দৃঢ়ভাবে কিন্তু শান্তিপূর্ণভাবে আমাদের বক্তব্য তুলে ধরা এবং বিষয়টিকে এমন একটি কুৎসিত পরিস্থিতিতে পরিণত হতে না দেওয়া গুরুত্বপূর্ণ, যা

কারও জন্যই উপকারী নয়, এমনকি মূল সমস্যাটিকে আরও খারাপ করে তুলতে পারে। আলোচনার সময় কারও আওয়াজ তোলা বা অন্য পক্ষকে কোনওভাবেই উত্তেজিত না করা বিশেষভাবে গুরুত্বপূর্ণ।

চিত্র: একটি বাড়িতে সিসিটিভি ক্যামেরা লাগানো।

এই ধরণের সমস্যার জন্য আমাদের সম্পত্তিতে একাধিক সিসিটিভি ক্যামেরা স্থাপন করা ভালো। সিসিটিভি ক্যামেরাগুলি কৌশলগত স্থানে স্থাপন করা উচিত যাতে বিভিন্ন কোণ কভার করা যায়। আজকাল অনেক বহিরঙ্গন (জলরোধী এবং

আবহাওয়ারোধী) এবং অভ্যন্তরীণ সিসিটিভি ক্যামেরা অ্যামাজন এবং অন্যান্য দোকানে কয়েক হাজার টাকার যুক্তিসঙ্গত দামে পাওয়া যায়। এই ধরনের ক্যামেরাগুলিতে প্রায়শই রিয়েল টাইম মনিটরিং এবং অ্যাপের মাধ্যমে এটি মোবাইল ফোনে কাস্ট করার মতো বৈশিষ্ট্য থাকে। সিসিটিভি ক্যামেরার উপস্থিতিই ঝামেলাপূর্ণ প্রতিবেশীদের নিরুৎসাহিত করতে পারে। যেকোনো অভিযোগ বা আলোচনার জন্য প্রয়োজনীয় প্রমাণ সংগ্রহে এগুলি অমূল্য হতে পারে।

নিম্নলিখিত বিভাগগুলি সেই ক্ষেত্রের জন্য যেখানে শান্তিপূর্ণ আলোচনা কাঙ্ক্ষিত আচরণগত পরিবর্তন আনতে ব্যর্থ হয়।

3.2 হাউজিং সোসাইটি বা রেসিডেন্ট ওয়েলফেয়ার অ্যাসোসিয়েশন (RWA) এর কাছে অভিযোগ

ভারতে, বিশ্বের অন্যান্য অংশের মতো, প্রতিটি অ্যাপার্টমেন্ট কমপ্লেক্সের জন্য সাধারণত একটি হাউজিং সোসাইটি বা সমবায় সমিতি থাকে, অথবা কিছু শহরে যাকে রেসিডেন্ট ওয়েলফেয়ার অ্যাসোসিয়েশন (RWA) বলা হয়। এগুলি বিভিন্ন ধরণের আবাসনের জন্য বিদ্যমান থাকতে পারে,

প্রতিবেশীদের সাথে সমস্যা

যার মধ্যে ফ্ল্যাটের একটি ব্লকের পাশাপাশি ভিলা বা স্বাধীন বাড়ির একটি গেটেড বা আনগেটেড কমিউনিটি অন্তর্ভুক্ত।

এই ধরনের সমিতিগুলির দায়িত্ব হল সম্প্রদায়ের বাসিন্দাদের নিরাপত্তা বা বিদ্যুৎ ব্যাকআপের মতো সাধারণ পরিষেবা প্রদান করা, সেইসাথে অতিথি, পার্কিং, সাধারণ কক্ষগুলি কীভাবে ব্যবহার করবেন ইত্যাদি সম্পর্কে নীতিমালা তৈরি করা। সম্প্রদায়ে শান্তি বজায় রাখা এবং সমস্ত বাসিন্দাদের জন্য প্রযোজ্য সাধারণ নির্দেশিকাগুলি কার্যকর করাও তাদের দায়িত্বের অংশ।

প্রতিবেশীদের সমস্যার ক্ষেত্রে, আমরা আবাসন সমিতির কাছে বিষয়টি তুলে ধরতে পারি এবং তাদের সাহায্যের জন্য অনুরোধ করতে পারি। সমস্যাটি লিখিত আকারে বা হোয়াটসঅ্যাপের মতো মেসেজিং অ্যাপের মাধ্যমে উত্থাপন করা যেতে পারে, যা আজকাল RWA এবং সমিতিগুলিতে ভাগ করে নেওয়া যোগাযোগের জন্য সাধারণত ব্যবহৃত হয়।

এখানেও, আমাদের এমন ভাষা এড়ানো উচিত যা অভদ্র, দোষারোপকারী বা সাধারণীকরণের মতো শোনায়, এবং পরিবর্তে নিরপেক্ষ ভাষায় লেখা উচিত এবং প্রকৃত সমস্যা এবং প্রতিবেশীদের

আচরণের নির্দিষ্ট উদাহরণগুলি তুলে ধরার চেষ্টা করা উচিত যা সমস্যা সৃষ্টি করছে। প্রয়োজনে আমরা ভিডিও, ছবি বা শব্দ রেকর্ডিংয়ের মতো বিশদ যুক্ত করতে পারি। যদি তারা কোনও পদক্ষেপ না নেয় তবে আমাদের কয়েকবার সমিতির সাথে যোগাযোগ করার জন্য প্রস্তুত থাকা উচিত।

প্রায়শই, সমিতির কাছে এই সমস্যাটি উত্থাপন করলে প্রতিবেশীরা সমস্যাযুক্ত আচরণ বন্ধ করতে বাধ্য হতে পারে। কখনও কখনও, সমিতি সমস্যাটি নিয়ে আলোচনা এবং সমাধানের জন্য প্রতিবেশীদের সাথে মুখোমুখি বৈঠকের আহ্বান জানাতে পারে।

3.3 সমিতির নিবন্ধক বা ভোক্তা আদালতের কাছে অভিযোগ

যদি হাউজিং সোসাইটি বা সমিতির ব্যবস্থাপনা নিজেই তাদের নীতি বা অন্যান্য পদক্ষেপের কারণে সমস্যার সৃষ্টি করে, তাহলে কেউ রাজ্য বা জেলার আবাসিক সমবায় সমিতির নিবন্ধকের কাছে লিখিত অভিযোগ পাঠাতে পারেন।

সমস্ত আবাসিক সমিতি এবং আবাসিক কল্যাণ সমিতি (RWA) 1860 সালের সোসাইটি নিবন্ধন আইনের অধীনে নিবন্ধিত।

1860 সালের সোসাইটি নিবন্ধন আইনে নিম্নলিখিত বিষয়গুলি উল্লেখ করা হয়েছে:

সোসাইটি কর্তৃক এবং বিরুদ্ধে মামলা: *এই আইনের অধীনে নিবন্ধিত প্রতিটি সোসাইটি সভাপতি, চেয়ারম্যান, অথবা প্রধান সচিব, অথবা ট্রাস্টিদের নামে মামলা করতে পারে বা মামলা দায়ের করা যেতে পারে, যা সোসাইটির নিয়ম ও প্রবিধান দ্বারা নির্ধারিত হবে এবং, এই সিদ্ধান্ত অমান্য করলে, পরিচালনা পর্ষদ কর্তৃক নির্ধারিত ব্যক্তির নামে।*

হাউজিং সোসাইটির নিবন্ধকের কাছে অভিযোগ দায়ের করা হলে, তারা হাউজিং সোসাইটির চেয়ারম্যান/সভাপতি এবং সচিবকে কারণ দর্শানোর নোটিশ জারি করবেন। তবে, যদি কারও অভিযোগের উপর কোনও ব্যবস্থা নেওয়া হয় তবে নিয়মিত তাদের সাথে যোগাযোগ করতে হবে।

এখানেও সকল যোগাযোগ লিখিত আকারে রাখা উচিত এবং সমস্ত বিবরণ এবং যদি পাওয়া যায় তবে প্রমাণ অন্তর্ভুক্ত করা উচিত। এছাড়াও,

আবাসন সমিতি কর্তৃক পদক্ষেপ না নেওয়ার প্রমাণ অন্তর্ভুক্ত করা উচিত।

বিকল্পভাবে, কেউ মামলাটি ভোক্তা ফোরাম, আদালত বা পুলিশের কাছে নিয়ে যেতে পারেন। কেউ সমিতি বা সমিতি ব্যবস্থাপনার কাছে বিস্তারিত উল্লেখ করে একটি আইনি নোটিশও পাঠাতে পারেন।

3.4 আইনি নোটিশ পাঠানো

কিছু ক্ষেত্রে, বারবার সতর্ক করার পরেও, প্রতিবেশীরা বিঘ্নিত বা ঝামেলাপূর্ণ আচরণ চালিয়ে যান। এই ধরনের ক্ষেত্রে আমরা নির্দিষ্ট সময়সীমার মধ্যে এই পদক্ষেপ বন্ধ করার জন্য প্রতিবেশীকে আইনি নোটিশ পাঠানোর চেষ্টা করতে পারি, অন্যথায় আরও আইনি এবং অন্যান্য পদক্ষেপ নেওয়া হবে।

আমাদের শহরের একজন আইনজীবীর কাছ থেকে তাদের অফিসিয়াল লেটারহেডে আইনি নোটিশটি খসড়া করা এবং এটি একটি সরকারী রেকর্ডকৃত পোস্ট যেমন নিবন্ধিত পোস্ট বা স্পিড পোস্টের মাধ্যমে পাঠানো ভাল। সমস্যাটির বিবরণ, এটি সমাধানের পূর্ববর্তী প্রচেষ্টা এবং পরিস্থিতি

প্রতিবেশীদের সাথে সমস্যা

সংশোধনের জন্য প্রয়োজনীয় নির্দিষ্ট পদক্ষেপ অন্তর্ভুক্ত করুন।

একটি নমুনা আইনি নোটিশের ফর্ম্যাট নিম্নরূপ (এডভোকেটকে এটি খসড়া করতে দেওয়া ভালো, নীচে কেবল একটি নির্দেশিকা দেওয়া হল)

<আইনি প্রতিষ্ঠানের নাম এবং ঠিকানা সহ অ্যাডভোকেটের লেটারহেড>

রেজিস্টার্ড পোস্ট/স্পিড পোস্টের মাধ্যমে

আইনি নোটিশ

তারিখ<>

আমাদের ক্লায়েন্টদের নির্দেশ অনুসারে, আমরা আপনাকে নিম্নলিখিতভাবে সম্বোধন করতে নির্দেশিত:

আমরা/আমার ক্লায়েন্ট <আবাসন বা ফ্ল্যাটের <ঠিকানা> এর বাসিন্দা/যা আপনার সম্পত্তির ঠিকানার কাছাকাছি।

এই আইনি নোটিশের মাধ্যমে আপনাকে এতদ্বারা নির্দেশ দেওয়া হচ্ছে যে, এই তারিখের মধ্যে নিম্নলিখিত সংশোধনমূলক পদক্ষেপগুলি সম্পাদন

করুন <সংশোধনমূলক পদক্ষেপের তালিকা যেমন দখল অপসারণ>

নির্দিষ্ট তারিখের মধ্যে এই নোটিশটি মেনে চলতে ব্যর্থ হলে আইন অনুসারে আপনার বিরুদ্ধে আরও আইনি ব্যবস্থা নেওয়া হবে। এই ধরনের যেকোনো আইনি পদক্ষেপের খরচের জন্য আপনি দায়ী থাকবেন।

আপনার বিশ্বস্তভাবে:

<স্বাক্ষর এবং সম্ভব হলে, অ্যাডভোকেটের স্ট্যাম্প>

প্রতিলিপি: <হাউজিং অ্যাসোসিয়েশন>

3.5 পুলিশের কাছে অভিযোগ

আরও গুরুতর কিছু সমস্যার ক্ষেত্রে, আমরা পুলিশের ১০০ নম্বরে অথবা নিরাপত্তা সংক্রান্ত সমস্যা, যেমন প্রবীণ নাগরিকদের হটলাইন ১০৯০ বা মহিলাদের হটলাইন, তাদের যেকোনো হটলাইনের মাধ্যমে অভিযোগ করার চেষ্টা করতে পারি।

আবার, অভিযোগ মৌখিক বা লিখিত হতে পারে।

প্রতিবেশীদের সাথে সমস্যা

পুলিশের সাথে যোগাযোগ করার আগে আমাদের ঘটনার সমস্ত বিবরণ সাবধানে লিখে রাখতে হবে। এছাড়াও আমাদের ছবি, ভিডিও, প্রতিবেশীদের সাথে পূর্বের চিঠিপত্র এবং পুলিশ, হাউজিং অ্যাসোসিয়েশন এবং অন্যান্য কর্তৃপক্ষের কাছে পূর্বের অভিযোগের মতো প্রমাণের একটি তালিকা প্রস্তুত এবং প্রস্তুত রাখা উচিত।

সাধারণত পুলিশ প্রাথমিক তদন্তের জন্য কাউকে আমাদের প্রাঙ্গণে পাঠাতে পারে। যদি তা না হয়, তাহলে আমরা অভিযোগ দায়ের করতে থানায় যেতে পারি, অথবা পুলিশের ওয়েবসাইটে ই-ফাইল করতে পারি। আমাদের সমস্ত প্রচেষ্টা সত্ত্বেও, পুলিশ যদি অভিযোগ দায়ের করতে অস্বীকৃতি জানায় বা করতে অনিচ্ছুক হয়, তাহলে আমরা আদালতে মামলা দায়ের করতে পারি, যা পুলিশকে FIR (প্রথম তথ্য প্রতিবেদন) দায়ের করার নির্দেশ দিতে পারে।

নিচের চিত্রটি একটি নমুনা পুলিশ ওয়েবসাইটের ওয়েবপৃষ্ঠা দেখায় যেখানে সকল প্রয়োজনীয় বিবরণ সহ অভিযোগ দায়ের করা যেতে পারে।

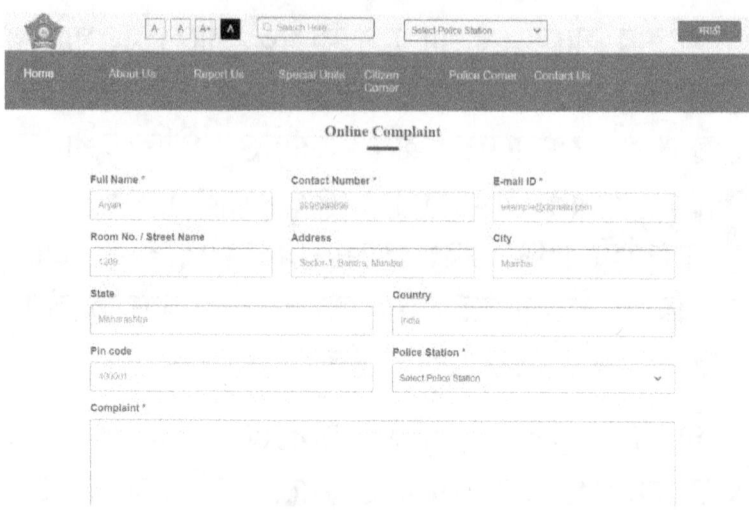

চিত্র: অনলাইনে অভিযোগ দায়েরের জন্য মুম্বাই পুলিশের ওয়েবসাইটের স্ক্রিনশট।

3.6 স্থানীয় পৌরসভার কাছে অভিযোগ

কখনও কখনও স্থানীয় পৌরসভা, যা ভারতে বিভিন্ন নামে পরিচিত, যেমন নগর নিগম বা মহানগরে পালিকা, সম্পত্তি বা পৌরসভা সম্পর্কিত বিরোধের ক্ষেত্রে অভিযোগ দায়ের করার জন্য একটি ব্যবস্থা থাকতে পারে।

আমরা পৌরসভা বা নগর নিগম অফিসে গিয়ে তাদের অভিযোগ অফিসে আমাদের লিখিত অভিযোগ দায়ের করতে পারি। আমরা একটি ই-অভিযোগও দায়ের করতে পারি অথবা তাদের কাছে একটি ইমেলও লিখতে পারি।

উদাহরণস্বরূপ, নয়াদিল্লি পৌর পরিষদের অনলাইন অভিযোগ দায়েরের জন্য একটি ওয়েবসাইট (https://www.ndmc.gov.in/complaints.aspx) রয়েছে, যা নীচের চিত্রে দেখানো হয়েছে।

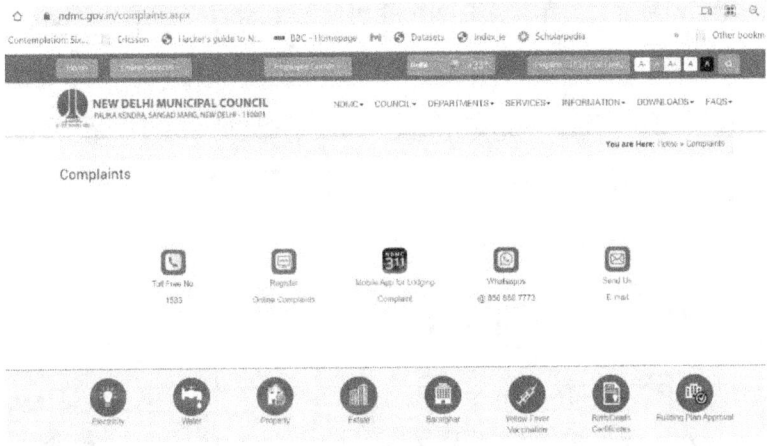

চিত্র: নয়াদিল্লি পৌর পরিষদে অভিযোগ দায়েরের জন্য ওয়েবপেজের স্ক্রিনশট।

3.7 স্থানীয় বিধায়ক বা এমপি বা পৌর কর্পোরেশনের কাছে অভিযোগ

কিছু ক্ষেত্রে, এমপি বা বিধায়ক বা কর্পোরেশন তাদের এলাকায় ছোট ছোট প্রতিবেশী বিরোধের ক্ষেত্রে সাহায্য করতে সক্ষম হতে পারেন। আমাদের তাদের অফিসে যাওয়া উচিত অথবা

তাদের ইমেল করা উচিত অথবা সমস্যার সম্পূর্ণ বিবরণ সহ তাদের কাছে একটি আনুষ্ঠানিক লিখিত চিঠি লেখা উচিত। এছাড়াও, যদি সম্ভব হয় তবে আমরা তাদের জনসাধারণের অভিযোগ প্রতিকার ফোরামে যোগ দিতে পারি।

প্রায়শই, নির্বাচিত প্রতিনিধি যেমন এমপি এবং বিধায়কদের টুইটার অ্যাকাউন্ট থাকে। আমরা তাদের কাছে আমাদের অভিযোগের বিবরণ সহ টুইট করতে পারি এবং সাহায্য চাইতে পারি।

3.8 আদালতে মামলা দায়ের

আকস্মিকভাবে সম্পত্তি দখল বা জালিয়াতির মতো ক্ষেত্রে অথবা প্রতিবেশী যদি আমাদের আইনি নোটিশ বা সতর্কবার্তার প্রতি সাড়া না দেয়, তাহলে আমরা স্থানীয় আদালতে আদালতে মামলা দায়ের করতে পারি। ভারতীয় আদালত ব্যবস্থার অধীনে এই ধরনের মামলা সমাধান হতে বছরের পর বছর সময় লাগতে পারে, তাই আমাদের মানসিকভাবে প্রস্তুত থাকা উচিত এবং এর জন্য পর্যাপ্ত তহবিল বাজেট করা উচিত। মামলাটি আদালতে নিয়ে যাওয়ার ঝামেলা এবং ব্যয়ের যোগ্য কিনা তা আমরা একটি খরচ সুবিধা বিশ্লেষণ করতে পারি।

প্রতিবেশীদের সাথে সমস্যা

আমাদের এমন একজন আইনজীবী নিয়োগ করা উচিত যিনি এই ধরণের মামলায় দক্ষ এবং আদর্শভাবে এই ধরণের বিরোধের ক্ষেত্রে পূর্ব অভিজ্ঞতাসম্পন্ন। নির্বাচিত আইনজীবীর ইমেল এবং আধুনিক যোগাযোগের মাধ্যমের সাথে পরিচিত হওয়া উচিত, সর্বশেষ আইন সম্পর্কে নিজেকে অবগত রাখা উচিত এবং সবচেয়ে গুরুত্বপূর্ণ, আমাদের কথা মনোযোগ সহকারে শোনা উচিত এবং আমাদের নির্দেশাবলী অনুসারে কাজ করা উচিত।

সাধারণ আদালতের পদ্ধতিতে নিম্নলিখিত পদক্ষেপগুলি অন্তর্ভুক্ত থাকে:

- মামলা দায়ের করা
- আসামীদের নোটিশ পাঠানো
- আদালত কর্তৃক বিষয়গুলি নির্ধারণ
- যুক্তি শুনানি
- উভয় পক্ষের দ্বারা প্রমাণ উপস্থাপন
- জেরা
- সমাপনী যুক্তি
- রায় ঘোষণা।

যদি কোনও পক্ষ রায়ে সন্তুষ্ট না হয়, তাহলে তারা উচ্চতর আদালতে আপিল করতে পারে।

3.9 উপসংহার

প্রতিবেশী সমস্যা সমাধানের জন্য কূটনীতি এবং আইনি পদক্ষেপের বিচক্ষণ মিশ্রণ প্রয়োজন। বন্ধুত্বপূর্ণ আলোচনা দিয়ে শুরু করা এবং শুধুমাত্র প্রয়োজনে আলোচনা বৃদ্ধি করা সময়, অর্থ এবং চাপ সাশ্রয় করতে পারে। পরবর্তী অধ্যায়গুলিতে নির্দিষ্ট সমস্যা এবং সাধারণ প্রতিবেশী সমস্যার বিস্তারিত প্রতিকার সম্পর্কে আলোচনা করা হবে।

অধ্যায় 4: প্রতিবেশীদের দ্বারা অতিরিক্ত শব্দ এবং ঝামেলা

শব্দ দূষণ হল প্রতিবেশীদের সম্পর্কে মানুষের সবচেয়ে সাধারণ অভিযোগগুলির মধ্যে একটি। অতিরিক্ত শব্দ, বিশেষ করে রাতে গভীর রাতে, ঘুমের ব্যাঘাত ঘটাতে পারে, মানসিক চাপ সৃষ্টি করতে পারে এবং স্বাস্থ্যের উপর নেতিবাচক প্রভাব ফেলতে পারে। এই অধ্যায়ে শব্দের ব্যাঘাতের সমস্যাটি অন্বেষণ করা হয়েছে এবং এই ধরনের সমস্যা সমাধানের জন্য আপনি কী পদক্ষেপ নিতে পারেন তা বর্ণনা করা হয়েছে।

প্রতিবেশীদের সাথে সমস্যা

চিত্র: রাতে তাদের অ্যাপার্টমেন্টে তরুণ-তরুণীরা শোরগোলের পার্টি করছে, আর একজন বিরক্ত প্রতিবেশী অসহায়ভাবে তাকিয়ে আছে।

4.1 ভারতীয় দণ্ডবিধি (IPC) এবং ভারতীয় ন্যায় সংহিতা (BNS) এর অতিরিক্ত শব্দ সম্পর্কিত আইন

অতিরিক্ত শব্দ জনসাধারণের উপদ্রবের মধ্যে পড়ে যা ধারা 268-এ সংজ্ঞায়িত করা হয়েছে এবং ভারতীয় দণ্ডবিধি (IPC) এর ধারা 290 এবং ভারতীয় ন্যায় সংহিতা বা বিএনএস-এর সংশ্লিষ্ট ধারাগুলিতে শাস্তির কথা বলা হয়েছে। ধারা 268 জনসাধারণের বিরক্তির কারণ এবং শব্দ ছাড়াও, অন্যান্য ধরণের

প্রতিবেশীদের সাথে সমস্যা

বিরক্তির অন্তর্ভুক্ত থাকতে পারে যেমন এলাকায় বসবাসকারী জনসাধারণকে হুমকি দেওয়া বা সরকারি পরিষেবা প্রদান থেকে বঞ্চিত করা।

জনসাধারণের উপদ্রব সম্পর্কিত ভারতীয় দণ্ডবিধির ধারা 268-এ বলা হয়েছে:

একজন ব্যক্তি জনসাধারণের উপদ্রবের জন্য দোষী, যিনি এমন কোনও কাজ করেন বা অবৈধভাবে ভুল করেন যা জনসাধারণ বা আশেপাশে বসবাসকারী বা সম্পত্তি দখলকারী সাধারণ মানুষের জন্য কোনও সাধারণ আঘাত, বিপদ বা বিরক্তির কারণ হয়, অথবা যা অবশ্যই এমন ব্যক্তিদের জন্য আঘাত, বাধা, বিপদ বা বিরক্তির কারণ হয় যাদের কোনও জনসাধারণের অধিকার ব্যবহার করার সুযোগ থাকতে পারে। একটি সাধারণ উপদ্রব এই কারণে ক্ষমা করা হয় না যে এটি কিছু সুবিধা বা সুবিধার কারণ হয়।

আইপিসি ধারা 290 জনসাধারণের জন্য উপদ্রব সৃষ্টির শাস্তি সংজ্ঞায়িত করে। এতে বলা হয়েছে:

যে কেউ এই কোড দ্বারা অন্যথায় শাস্তিযোগ্য নয় এমন কোনও ক্ষেত্রে জনসাধারণের জন্য উপদ্রব করে, তাকে দুইশ টাকা পর্যন্ত জরিমানা করা হবে।

যদিও জরিমানার পরিমাণ নগণ্য, অভিযোগের ফলে প্রতিবেশী ভবিষ্যতে উচ্চ শব্দের পুনরাবৃত্তি থেকে বিরত থাকতে পারে।

4.2 শব্দ দূষণ নিয়ন্ত্রণ ও নিয়ন্ত্রণ বিধিমালা 2000

এও শব্দ দূষণের বিরুদ্ধে বিধান রয়েছে। এটি প্রতিবেশীদের উচ্চস্বরে সঙ্গীত বাজানো, জোরে আতশবাজি ফাটানো বা লাউডস্পিকারে এমন কোনও শব্দ করা থেকে বিরত রাখে যা রাতের বেলায় সেই এলাকার আশেপাশের শব্দের চেয়ে নির্দিষ্ট সীমা (সাধারণত ১০ ডেসিবেল) অতিক্রম করে।

এই আইনে রাত ১০টা থেকে সকাল ৬টা পর্যন্ত সময় নির্ধারণ করা হয়েছে। তবে, দীপাবলি বা স্বাধীনতা দিবসের মতো উৎসব বা সাংস্কৃতিক অনুষ্ঠানের জন্য এটি মধ্যরাত পর্যন্ত শিথিল।

শব্দ দূষণ বিধিমালা 2000-এ নিম্নলিখিত বিষয়গুলি বলা হয়েছে:

(১) কোনও এলাকা/অঞ্চলে শব্দের মাত্রা তফসিলে উল্লেখিত শব্দের ক্ষেত্রে পরিবেশগত বায়ু মানের মান অতিক্রম করবে না। (২) কর্তৃপক্ষ শব্দ দূষণ নিয়ন্ত্রণ ব্যবস্থা প্রয়োগ এবং শব্দের ক্ষেত্রে

পরিবেশগত বায়ু মানের মান যথাযথভাবে মেনে চলার জন্য দায়ী থাকবে।

4.3 রাতে প্রতিবেশী যখন শব্দ করছে তখন কী কী পদক্ষেপ নিতে হবে

যদি কারো প্রতিবেশী জোরে শব্দ করছে বা জোরে গান বাজাচ্ছে, তাহলে প্রথম পদক্ষেপ হবে তাদের সাথে দেখা করা এবং শান্তভাবে শব্দ কমাতে অনুরোধ করা। ব্যাখ্যা করা যে তাদের কাজগুলি আপনাকে কীভাবে বিরক্ত করছে এবং সমাধানের প্রস্তাব দেওয়া, যেমন রাতের বেলা শব্দ কমানো।

কেউ হাউজিং অ্যাসোসিয়েশন বা সোসাইটির কাছেও অভিযোগ করতে পারেন এবং শব্দ কমানোর জন্য সেই ফ্ল্যাটের বাসিন্দাদের সাথে কথা বলতে অনুরোধ করতে পারেন। সম্ভব হলে শব্দ রেকর্ডিংয়ের মতো প্রমাণ সরবরাহ করুন।

যদি উপরের পদক্ষেপগুলি সম্ভব না হয় বা সতর্কীকরণ সত্ত্বেও প্রতিবেশীরা না শোনে এবং শব্দ কমায়, তাহলে 100/112 নম্বরে ডায়াল করে পুলিশকে কল করা যেতে পারে। পুলিশের কাছ থেকে আসা হলেই প্রতিবেশীরা শব্দ বন্ধ করতে বাধ্য হয়।

প্রতিবেশীদের সাথে সমস্যা

নিম্নলিখিত বিষয়গুলির ভিত্তিতে প্রতিবেশীর বিরুদ্ধে পুলিশ বা আদালতে অভিযোগ দায়ের করা যেতে পারে:

- জনসাধারণের উপদ্রবের জন্য ভারতীয় দণ্ডবিধির 290 ধারা এবং ভারতীয় ন্যায় সংহিতা (BNS) ধারা।
- অনুমোদিত শব্দ মাত্রা অতিক্রম করার জন্য শব্দ দূষণ (নিয়ন্ত্রণ) বিধি 2000।

4.4 উপসংহার

প্রতিবেশীদের কাছ থেকে অতিরিক্ত শব্দ শান্তি ও সুস্থতা ব্যাহত করতে পারে। যদিও বন্ধুত্বপূর্ণ যোগাযোগই পছন্দনীয় পন্থা, তবুও বারবার অপরাধীদের ক্ষেত্রে বিষয়টি আবাসন সমিতি, পুলিশ বা আদালতে নিয়ে যাওয়া প্রয়োজন হতে পারে। প্রাসঙ্গিক আইন এবং নির্দেশিকা সম্পর্কে সচেতনতা আপনাকে এই ঝামেলাগুলি কার্যকরভাবে মোকাবেলা করার ক্ষমতা দিতে পারে।

অধ্যায় 5: প্রতিবেশীদের অবৈধ দখল, অনুপ্রবেশ এবং নির্মাণ

দখল তখনই ঘটে যখন কেউ মালিকের সম্মতি ছাড়াই সম্পত্তি দখল বা ব্যবহার করে। প্রতিবেশীরা আপনার সম্পত্তিতে অবৈধভাবে দেয়াল, বেড়া বা গেট নির্মাণ করতে পারে, প্রবেশে বাধা দিতে পারে, অথবা অননুমোদিত কার্যকলাপের মাধ্যমে ক্ষতি করতে পারে। এই ধরনের কাজগুলি অনুপ্রবেশ আইনের আওতায় পড়ে, যার মধ্যে দেওয়ানি এবং ফৌজদারি উভয় দায় জড়িত থাকতে পারে।

এই অধ্যায়ে প্রতিবেশীদের অবৈধ দখল এবং অনুপ্রবেশ মোকাবেলার প্রতিকারের রূপরেখা দেওয়া হয়েছে।

5.1 আইপিসি/বিএনএস (IPC/BNS) ফৌজদারি অনুপ্রবেশ সম্পর্কিত আইন

আইনি অর্থে অনুপ্রবেশকে নিম্নরূপ সংজ্ঞায়িত করা যেতে পারে: অনুপ্রবেশ হল একটি বেআইনি অনুপ্রবেশ যা কোনও ব্যক্তি বা সম্পত্তিতে হস্তক্ষেপ করে। বিশেষ করে, এটি কোনও ব্যক্তির দ্বারা করা একটি অবহেলা বা ইচ্ছাকৃত কাজ যা আইনগত যুক্তি ছাড়াই অন্য ব্যক্তি বা তাদের সম্পত্তিতে আঘাত করতে পারে, তা যতই সামান্য হোক না কেন। এর মধ্যে একজন ব্যক্তির উপর করা আক্রমণ বা হুমকি, সেইসাথে কারও সম্পত্তিতে অনুপ্রবেশ অন্তর্ভুক্ত। এখানে আঘাত শব্দটি ব্যবহার করার অর্থ প্রকৃত শারীরিক ক্ষতি বা ক্ষতি নয় বরং ব্যক্তির অধিকার লঙঘন। সম্পত্তিতে অনুপ্রবেশের অর্থ হল সম্পত্তি বা অস্থাবর সম্পত্তিতে অনুপ্রবেশের পাশাপাশি স্থাবর সম্পত্তিতে অনুপ্রবেশ। এটি সাধারণত বাস্তব সম্পত্তির ক্ষেত্রে প্রযোজ্য এবং যখন কোনও তৃতীয় পক্ষ ইচ্ছাকৃতভাবে, অসাবধানতাবশত বা বেপরোয়াভাবে মালিকের স্থাবর বা অস্থাবর সম্পত্তির দখলে হস্তক্ষেপ করে বা হস্তক্ষেপ করে তখন এই সম্পত্তির মালিকদের প্রতিকার চাওয়ার সুযোগ দেয়।

সম্পত্তির অনধিকার প্রবেশ বলতে বোঝায় যেখানে কেউ অবৈধভাবে অন্য কারোর সম্পত্তিতে প্রবেশ করে এবং দখল করে, যা আইনত তার ইচ্ছার

বিরুদ্ধে। সম্পত্তির অনধিকার প্রবেশ দেওয়ানি এবং ফৌজদারি উভয়ই হতে পারে। ফৌজদারি অনধিকার প্রবেশ হল যেখানে দখলকারী সম্পত্তির মালিককে হুমকি দেয় বা সহিংসতা করে। যেখানে ফৌজদারি অনধিকার প্রবেশ প্রযোজ্য নয়, এটি দেওয়ানি অনধিকার প্রবেশ এবং নির্যাতন আইনের আওতায় আসে।

সকল অনধিকার প্রবেশকে ফৌজদারি অনধিকার প্রবেশ হিসেবে শ্রেণীবদ্ধ করা যাবে না, যদি না সহিংসতা এবং ভয় দেখানো জড়িত থাকে। যদি এটি ফৌজদারি না হয় তবে আদালতের মামলার মতো দেওয়ানি প্রতিকার প্রয়োগ করা যেতে পারে।

ঘর অনধিকার প্রবেশ নামে একটি অনধিকার প্রবেশও আছে যেখানে একজন ব্যক্তি, যেমন একজন প্রতিবেশী আপনার বর্তমানে বসবাসকারী বাড়ির একটি অংশ বা সম্পূর্ণ অংশে ফৌজদারি অনধিকার প্রবেশ করে।

ভারতীয় দণ্ডবিধির 441 ধারা (এবং BNS-এর সংশ্লিষ্ট ধারা) অপরাধমূলক অনুপ্রবেশের সাথে সম্পর্কিত, এবং 447 অপরাধমূলক অনুপ্রবেশের জন্য শাস্তির জন্য। 442 ধারা গৃহ অনুপ্রবেশের সাথে সম্পর্কিত।

প্রতিবেশীদের সাথে সমস্যা

IPC-এর 133 ধারায় প্রতিবেশীদের দ্বারা অবৈধ নির্মাণের উপদ্রব অপসারণের পদ্ধতি বর্ণনা করা হয়েছে।

IPC-এর 441, 442 এবং 447 ধারাগুলি নিম্নলিখিত উপধারাগুলিতে আলোচনা করা হয়েছে।

5.2 আইপিসি 441 ফৌজদারি অনুপ্রবেশ

যে কেউ অন্যের দখলে থাকা সম্পত্তিতে প্রবেশ করে অথবা অপরাধ করার উদ্দেশ্যে অথবা উক্ত সম্পত্তির দখলে থাকা ব্যক্তিকে ভয় দেখানো, অপমান করা বা বিরক্ত করার উদ্দেশ্যে, অথবা আইনত প্রবেশ করে, অবৈধভাবে উক্ত সম্পত্তিতে অবস্থান করে, সেই ব্যক্তিকে ভয় দেখানো, অপমান করা বা বিরক্ত করার উদ্দেশ্যে, অথবা অপরাধ করার উদ্দেশ্যে, তাকে "ফৌজদারি অনুপ্রবেশ" বলা হয়।

5.3 আইপিসি 442 গৃহে অনুপ্রবেশ

যে কেউ মানুষের বাসস্থান হিসেবে ব্যবহৃত কোনও ভবন, তাঁবু বা পাত্রে অথবা উপাসনার স্থান হিসেবে ব্যবহৃত কোনও ভবনে অথবা সম্পত্তির হেফাজতের স্থান হিসেবে ব্যবহৃত কোনও ভবনে

প্রতিবেশীদের সাথে সমস্যা

প্রবেশ করে বা অবস্থান করে অপরাধমূলক অনুপ্রবেশ করে, তাকে "গৃহ- অনুপ্রবেশ" বলা হয়।

5.4 আইপিসি 447 অপরাধমূলক অনুপ্রবেশের শাস্তি

যে কেউ অপরাধমূলক অনুপ্রবেশ করে, তাকে তিন মাস পর্যন্ত কারাদণ্ড, জরিমানা বা পাঁচশ টাকা পর্যন্ত হতে পারে, অথবা উভয় দণ্ডে দণ্ডিত করা হবে।

5.5 কেউ যখন দূরে থাকে তখন কীভাবে তার সম্পত্তিতে অনুপ্রবেশ থেকে বিরত রাখা যায়

প্রতিবেশীরা যখন ইতিমধ্যেই অনুপ্রবেশ করে ফেলে, তখন তাদের খালি করে দেওয়ার চেয়ে তাদের অনুপ্রবেশ থেকে বিরত রাখা অনেক ভালো, সস্তা এবং সহজ।

আমরা জানি, যে জমির মালিক দীর্ঘ সময়ের জন্য অনুপ্রবেশ করেন, সেই জমি বিশেষ করে অনুপ্রবেশের ঝুঁকিতে থাকে। তাই সম্পত্তির প্রাঙ্গণে "অনুপ্রবেশ নিষিদ্ধ" সাইনবোর্ড রাখতে পারেন। কেউ সম্পত্তির চারপাশে উঁচু সীমানা প্রাচীরও তৈরি করতে পারেন এবং দেয়ালে অনুপ্রবেশ নিষিদ্ধ

প্রতিবেশীদের সাথে সমস্যা

করার নোটিশও লিখতে পারেন। এছাড়াও, কেউ একজন নিরাপত্তারক্ষী নিয়োগ করতে পারেন অথবা এলাকার নিরাপত্তারক্ষীদের অর্থ প্রদান করতে পারেন যাতে তারা অনুপ্রবেশের চেষ্টার ক্ষেত্রে তার সম্পত্তির উপর নিয়মিত নজর রাখে। কেউ দূর থেকে প্রাঙ্গণ পর্যবেক্ষণ করতে এবং অনুপ্রবেশের ঘটনার রেকর্ড রাখতে সিসিটিভি ক্যামেরাও ইনস্টল করতে পারেন।

5.6 যদি কেউ কারো সম্পত্তিতে অনুপ্রবেশ করে তাহলে কী করবেন?

যদি কেউ অবৈধভাবে কারো সম্পত্তির একটি অংশ বা সম্পূর্ণ দখল করে, তাহলে প্রযোজ্য পদক্ষেপগুলি অনুসরণ করতে পারেন:

- অনুপ্রবেশকৃত সম্পত্তির ছবি, ভিডিও এবং অন্যান্য প্রমাণ সংগ্রহ করুন। যদি প্রতিবেশী আমাদের সম্পত্তিতে কোনও অবৈধ নির্মাণ করে থাকে, তাহলে তার প্রমাণও সংগ্রহ করুন।

- প্রতিবেশীদের দ্বারা অপরাধমূলক অনুপ্রবেশ বা হুমকি এবং ভয় দেখানোর ক্ষেত্রে, নিকটতম থানায় যান এবং/অথবা সাহায্য এবং সুরক্ষার জন্য একটি লিখিত অভিযোগ

প্রতিবেশীদের সাথে সমস্যা

দায়ের করুন। নথিপত্র এবং প্রমাণ যেমন ছবি অন্তর্ভুক্ত করুন।

- অনুপ্রবেশকারী প্রতিবেশীকে একটি আইনি নোটিশ পাঠান, যাতে তাদের অবৈধভাবে অনুপ্রবেশকৃত সম্পত্তি খালি করতে বলা হয়, অন্যথায় আইনি ব্যবস্থা শুরু করা হবে।

- অবৈধভাবে দখলকৃত সম্পত্তির যেকোন নির্মাণ এবং/অথবা বিক্রয়ের বিরুদ্ধে এবং প্রতিবেশীর দ্বারা ইতিমধ্যেই তৈরি করা যেকোনো অবৈধ নির্মাণ ভেঙে ফেলার বিরুদ্ধে তাৎক্ষণিক স্থগিতাদেশ/আদেশ জারির জন্য আদালতে মামলা দায়ের করুন।

- প্রতিবেশীদের দ্বারা আমাদের সম্পত্তিতে অবৈধ অনুপ্রবেশের বিরুদ্ধে পৌর কর্পোরেশনের (যেমন দিল্লির এমসিডি) কাছে অভিযোগ দায়ের করুন, ছবি সহ প্রমাণ সহ। প্রতিবেশীরা যথাযথ পরিকল্পনার অনুমতি ছাড়াই কিছু নির্মাণ করলেও এটি প্রযোজ্য।

- প্রমাণ সহ সাব ডিভিশনাল ম্যাজিস্ট্রেট (এসডিএম)-এর কাছে লিখিত অভিযোগ দায়ের করুন।

- আমাদের সম্পত্তির অবৈধ দখলের জন্য প্রতিবেশীদের কাছ থেকে ক্ষতিপূরণের জন্য একটি দেওয়ানি মামলা দায়ের করুন।

- প্রতিবেশীদের দ্বারা জমির রেকর্ড পরিবর্তন রোধ করার জন্য রাজস্ব বা ভূমি কর্তৃপক্ষের কাছে অভিযোগ দায়ের করুন।

উল্লেখিত পদক্ষেপগুলিতে দেওয়ানি এবং ফৌজদারি উভয় অনুপ্রবেশ অন্তর্ভুক্ত রয়েছে।

5.7 দীর্ঘস্থায়ী নাগরিক অনুপ্রবেশের ক্ষেত্রে কী করবেন

সিভিল অনধিকার প্রবেশ অপরাধ আইনের আওতাধীন। নির্যাতন মানে একটি নাগরিক অন্যায়, অর্থাৎ যেখানে একজন ব্যক্তি অন্যের নাগরিক অধিকারের ক্ষতি করে বা লঙ্ঘন করে। এই ক্ষেত্রে, অন্যায় করা ব্যক্তি অন্য ব্যক্তির ক্ষতিপূরণের জন্য আদালতে মামলা দায়ের করতে পারে।

সম্পত্তির অবৈধ দখলের ক্ষেত্রে, অন্যের জমি বা সম্পত্তিতে অননুমোদিত নির্মাণ নির্মাণ, কাউকে তাদের নিজস্ব সম্পত্তিতে প্রবেশাধিকার দিতে বাধা দেওয়া, উদাহরণস্বরূপ তালা বা গেট স্থাপন করা, অনুপ্রবেশের সংজ্ঞার আওতায় আসবে এবং তা

নির্যাতন আইনের আওতায় পড়বে। অতএব, এই ধরনের সম্পত্তির মালিকরা দখলদারের কাছ থেকে ক্ষতিপূরণ দাবি করতে পারেন। প্রতিবেশী বেড়া, গেট বা অন্য কোনও নির্মাণ নির্মাণ করলেও একই কথা প্রযোজ্য।

যাইহোক, যেমন আগে উল্লেখ করা হয়েছে, যদি অবৈধ দখল দখলকারীর হুমকি বা সহিংসতার সাথে থাকে, তাহলে এটি ফৌজদারি অনুপ্রবেশের শ্রেণীতে পড়বে এবং পুলিশে অভিযোগ দায়ের করা যেতে পারে।

5.8 প্রতিকূল দখল এবং নাগরিক অনুপ্রবেশ

অতিরিক্ত সতর্কতা অবলম্বন করা উচিত, খুব দেরি হওয়ার আগেই অবিলম্বে ব্যবস্থা নেওয়া উচিত। ভারতীয় আইন অনুসারে, যদি কোনও অনুপ্রবেশকারী 12 বছর ধরে কোনও সম্পত্তির উপর ক্রমাগত নিয়ন্ত্রণে থাকে, তবে বৈধ মালিক কর্তৃক সম্পত্তি থেকে অনুপ্রবেশকারীকে উচ্ছেদের জন্য কোনও আইনি পদক্ষেপ না নেওয়া হয়, তবে এটিকে "প্রতিকূল দখল" বলা হয়।

বিরূপ দখল সম্পর্কে উইকিপিডিয়া নিবন্ধ থেকে উদ্ধৃতাংশ: "*সাধারণভাবে, একজন সম্পত্তির মালিকের অধিকার রয়েছে যে তিনি উচ্ছেদের*

মতো আইনি পদক্ষেপের মাধ্যমে অননুমোদিত দখলদারদের কাছ থেকে তাদের সম্পত্তির দখল পুনরুদ্ধার করতে পারেন। তবে, ইংরেজি সাধারণ আইন ঐতিহ্যে, আদালত দীর্ঘদিন ধরে রায় দিয়েছে যে যখন কেউ অনুমতি ছাড়াই সম্পত্তির একটি অংশ দখল করে এবং সম্পত্তির মালিক দীর্ঘ সময়ের জন্য তাদের সম্পত্তি পুনরুদ্ধারের অধিকার প্রয়োগ না করে, তখন কেবল মূল মালিককে বাদ দেওয়ার অধিকার প্রয়োগ করতে বাধা দেওয়া হয় না, বরং সম্পত্তির উপর একটি সম্পূর্ণ নতুন স্বত্ব প্রতিকূল দখলদারের মধ্যে "উঠে পড়ে"। কার্যত, প্রতিকূল দখলকারী সম্পত্তির নতুন মালিক হয়ে ওঠে।"

প্রতিকূল দখল আইনের পেছনের ধারণাটি হল, যদি বৈধ মালিক নির্দিষ্ট সময়ের মধ্যে সম্পত্তি দাবি করার জন্য বা সম্পত্তির যত্ন নেওয়ার জন্য কোনও পদক্ষেপ না নেন, তাহলে আইন ধরে নেয় যে তারা সম্পত্তিতে আগ্রহী নন এবং তাই অনুপ্রবেশকারীকে অধিকার প্রদান করা যেতে পারে।

তবে, এটি লক্ষণীয় যে, যদি বৈধ মালিক ১২ বছরের একটানা দখল শেষ হওয়ার আগে অবৈধ দখলকৃত সম্পত্তি থেকে অনুপ্রবেশকারীকে উচ্ছেদের জন্য আদালতের কার্যক্রম শুরু করেন, তাহলে অবৈধ

দখল শুরু হওয়ার সময়কাল ১২ বছরে মোটেও গণনা করা হবে না, যতক্ষণ না আইনি কার্যক্রম চলমান থাকে।

অতএব, যদি কারও সম্পত্তি অবৈধ দখলকারী দ্বারা অনুপ্রবেশ করা হয়, তাহলে যত তাড়াতাড়ি সম্ভব আদালতের কার্যক্রম শুরু করা ভাল।

প্রথমে নিশ্চিত করা ভাল যে অবৈধ দখলদারিত্ব না ঘটে। এর জন্য, বৈধ মালিকের উচিত নিয়মিতভাবে এটি পরীক্ষা করা যাতে নিশ্চিত করা যায় যে সম্পত্তিতে অবৈধ নির্মাণ করা হচ্ছে না। প্রয়োজনে, অবৈধ দখল রোধ করার জন্য তাদের সম্পত্তির উপর সীমানা প্রাচীর নির্মাণ করা উচিত।

ভারতে, অবৈধ দখলদারিত্ব একটি বড় সমস্যা হতে পারে, কারণ এনআরআইরা বহু বছর ধরে বিদেশে কাজ করছেন এবং নিয়মিতভাবে তাদের নিজস্ব জমি পরীক্ষা করেন না। তবে, এটি অসাধু আত্মীয়স্বজন বা সম্পত্তির নকশা থাকা অন্যদের কারণেও ঘটতে পারে।

5.9 উপসংহার

প্রতিবেশীদের অবৈধ দখল এবং অনুপ্রবেশ মানসিক চাপ এবং আর্থিকভাবে বোঝা হতে পারে।

তবে, সময়োপযোগী পদক্ষেপ, সঠিক নথিপত্র এবং আইনি প্রতিকার সম্পর্কে সচেতনতা এই ধরনের সমস্যা সমাধানে সহায়তা করতে পারে। পরবর্তী অধ্যায়ে, আমরা বিদ্যুৎ এবং জলের মতো ভাগ করা ইউটিলিটি সম্পর্কিত বিরোধগুলি নিয়ে আলোচনা করব।

অধ্যায় 6: পানি এবং বিদ্যুতের মতো ইউটিলিটি সম্পর্কিত বিরোধ

পানি এবং বিদ্যুতের মতো ইউটিলিটি নিয়ে প্রতিবেশীদের মধ্যে বিরোধ খুবই সাধারণ, বিশেষ করে শেয়ার্ড হাউজিং বা অ্যাপার্টমেন্টে। এই বিরোধগুলিতে চুরি, হস্তক্ষেপ, অথবা শেয়ার্ড বিল পরিশোধ না করা জড়িত থাকতে পারে, যার ফলে আর্থিক এবং লজিস্টিক চ্যালেঞ্জ দেখা দেয়। এই অধ্যায়ে এই ধরনের দ্বন্দ্ব সমাধানের প্রতিকারের রূপরেখা দেওয়া হয়েছে।

6.1 বিদ্যুৎ সরবরাহ চুরি বা হস্তক্ষেপ

প্রতিবেশীদের দ্বারা বিদ্যুৎ চুরি বা হস্তক্ষেপের সন্দেহ হলে, প্রতিকার হল একজন দক্ষ কর্মী যেমন ইলেকট্রিশিয়ানকে ডেকে আমাদের বিদ্যুৎ সংযোগটি ঘনিষ্ঠভাবে পরীক্ষা করে দেখা। ত্রুটিপূর্ণ

প্রতিবেশীদের সাথে সমস্যা

মিটার রিডিং এবং বিদ্যুৎ সরবরাহ ব্যাহত হওয়ার ক্ষেত্রেও এটি করা যেতে পারে। বিশেষ করে, কেউ যদি দক্ষ ইলেকট্রিশিয়ানকে আমাদের প্রধান বিদ্যুৎ সংযোগ থেকে প্রতিবেশীর বাড়ি বা ফ্ল্যাটে এমন কোনও তার আছে কিনা যেখানে এটি থাকা উচিত নয় তা পরীক্ষা করার জন্য অনুরোধ করতে পারেন, অথবা সম্প্রতি এমন কোনও তারে হস্তক্ষেপ করা হয়েছে কিনা। অথবা কেউ একটি ছোট পরীক্ষা করতে পারেন, সেই তলার সমস্ত বৈদ্যুতিক যন্ত্রপাতি বন্ধ করে দিতে পারেন এবং তারপর পরীক্ষা করতে পারেন যে সমস্ত যন্ত্রপাতি বন্ধ থাকা সত্ত্বেও মিটারটি বন্ধ আছে কিনা বা এখনও চালু আছে কিনা।

বিদ্যুৎ সরবরাহ পরীক্ষা করার পরে ইলেকট্রিশিয়ান এবং প্লাম্বারদের দেওয়া কোনও বিবৃতি রেকর্ড করা উচিত। একইভাবে, ক্ষতিগ্রস্ত তার এবং অন্যান্য সরঞ্জামের ছবি এবং ভিডিও তোলা উচিত।

বিদ্যুৎ চুরির ক্ষেত্রে, কেউ স্থানীয় বিদ্যুৎ বোর্ড বা বিদ্যুৎ সরবরাহ কোম্পানির কাছে অভিযোগ (সশরীরে অথবা তাদের অ্যাপ বা ওয়েবসাইটে অনলাইনে) দায়ের করতে পারেন এবং একজন অফিসিয়াল টেকনিশিয়ানকে ওই ভবন পরিদর্শন করে বিদ্যুৎ সংযোগ বিচ্ছিন্ন করা হচ্ছে কিনা তা পরীক্ষা করার জন্য অনুরোধ করতে পারেন।

প্রতিবেশীদের সাথে সমস্যা

অফিসিয়াল টেকনিশিয়ান কর্তৃক নিশ্চিত হয়ে গেলে, কেউ তাদের কাছে কী ঘটছে তার একটি স্বাক্ষরিত বিবৃতি দেওয়ার জন্য অনুরোধ করতে পারেন। এই বিবৃতির ভিত্তিতে, কেউ পুলিশের পাশাপাশি নিজের শহরে বিদ্যুৎ সরবরাহকারী কোম্পানি, যেমন BESCOM বা DISCOM-এর কাছে অভিযোগ দায়ের করতে পারেন।

যদি প্রতিবেশীরা বিদ্যুৎ সরবরাহে হস্তক্ষেপ করে, তাহলে BESCOM, BSES রাজধানী বা অনুরূপ বিদ্যুৎ সরবরাহকারী কোম্পানির অ্যাপ বা ওয়েবসাইট ব্যবহার করে অভিযোগ দায়ের করতে পারেন। কেউ শহরের পৌরসভা অফিস, যেমন নিউ দিল্লি মিউনিসিপ্যাল কর্পোরেশনেও অভিযোগ দায়ের করতে পারেন এবং একই অভিযোগ জানাতে পারেন।

যেহেতু বিদ্যুৎ এবং জল অপরিহার্য উপযোগী, তাই সরবরাহ বন্ধ করা বা ক্ষতি করা একটি ফৌজদারি অপরাধ। অতএব, কেউ পুলিশেও অভিযোগ দায়ের করতে পারেন। বিদ্যুৎ সংযোগ বিচ্ছিন্ন হলে বা বিচ্ছিন্ন হয়ে গেলে 100 অথবা 112 নম্বরে ফোন করে পুলিশের কাছে এফআইআর দায়ের করা যেতে পারে। 112 নম্বরে করা সমস্ত কল লগ করা আছে, তাই এই নম্বরে ফোন করে পুলিশ

প্রতিবেশীদের সাথে সমস্যা

কনস্টেবলকে ঘটনাস্থল পরিদর্শন করে তদন্ত করার জন্য অনুরোধ করা ভালো।

অন্যথায়, কেউ প্রতিবেশীকে ঘটনার তারিখ, সময় এবং বিবরণ উল্লেখ করে আইনি নোটিশ পাঠাতে পারেন এবং অবিলম্বে তা বন্ধ করার জন্য অনুরোধ করতে পারেন, অন্যথায় তাদের বিরুদ্ধে আরও আইনি ব্যবস্থা নেওয়া হবে।

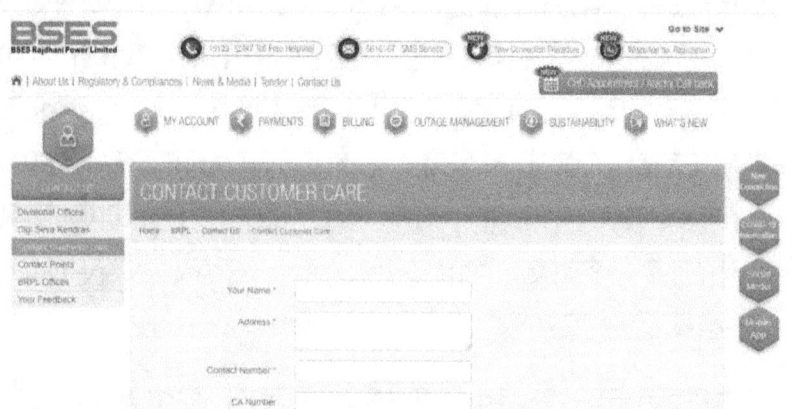

চিত্র: দিল্লিতে বিদ্যুৎ সরবরাহকারী কোম্পানি, বিদ্যুৎ সরবরাহ ব্যাহত হওয়া এবং ত্রুটিপূর্ণ মিটার রিডিংয়ের মতো সমস্যা সম্পর্কে অভিযোগ দায়ের করার জন্য BSES রাজধানী ওয়েবসাইট।

2003 সালের বিদ্যুৎ আইনের 135 ধারায় নিম্নলিখিত বিষয়গুলি উল্লেখ করা হয়েছে:

প্রতিবেশীদের সাথে সমস্যা

ধারা 135. (বিদ্যুৎ চুরি)

(১) যে কেউ অসৎভাবে --

(ক) লাইসেন্সধারী বা সরবরাহকারীর ওভারহেড, ভূগর্ভস্থ বা পানির লাইন, তার, অথবা পরিষেবা তার, অথবা পরিষেবা সুবিধাগুলির সাথে কোনও সংযোগ স্থাপন করে, তৈরি করে বা স্থাপন করে; অথবা

(খ) মিটারে ছেঁকে, ছেঁকে অথবা

(ঙ) বিদ্যুৎ ব্যবহারের অনুমতি ব্যতীত অন্য উদ্দেশ্যে বিদ্যুৎ ব্যবহার করেন, যাতে বিদ্যুৎ ব্যবহার করা যায় বা ব্যবহার করা যায়

তিন বছর পর্যন্ত কারাদণ্ড বা জরিমানা বা উভয় দণ্ডে দণ্ডিত হবেন

6.2 পানি সরবরাহ চুরি

জল সংযোগ চুরির সন্দেহ হলে, আমরা পরীক্ষা করতে পারি যে কোনও পাইপ বা কোনও উপায় আছে কিনা যার মাধ্যমে কারও বাড়ি বা ফ্ল্যাটের জল সংযোগ অন্য কোনও স্থানে যেমন প্রতিবেশীদের দিকে সরিয়ে নেওয়া হচ্ছে। আমরা একইভাবে সরবরাহে কোনও বাধা বা বাধা আছে কিনা তা পরীক্ষা করতে পারি।

প্রতিবেশীদের সাথে সমস্যা

পানি চুরির ক্ষেত্রে, কেউ জল নিগম বা তাদের শহরের পৌরসভার জল বোর্ডের কাছে অভিযোগ দায়ের করতে পারেন, প্রাসঙ্গিক প্রমাণ যেমন ছবি বা ভিডিও প্রমাণ থাকলে তা সহ। আমাদের জল সরবরাহ পরীক্ষা করার জন্য প্লাম্বার সহ একজন দক্ষ ব্যক্তিকে পাঠিয়ে তদন্ত করতে বলুন। সম্ভব হলে, তাদের কাছ থেকে একটি স্বাক্ষরিত বিবৃতি নিন। এছাড়াও, কেউ পুলিশের কাছে অভিযোগ দায়ের করতে পারেন।

জাতীয় সবুজ ট্রাইব্যুনালের নির্দেশ অনুসারে, পানীয় জল চুরি বা অপব্যবহার জরিমানাযোগ্য অপরাধ, এবং এর জন্য কেউ দিল্লি জল বোর্ডে অভিযোগ দায়ের করতে পারেন।

পানি বোর্ড বা বিদ্যুৎ সরবরাহকারীদের মতো সরকারি সংস্থাগুলির সাথে সর্বদা লিখিতভাবে যোগাযোগ করা ভাল। একইভাবে, এই ধরনের সংস্থাগুলির কাছে উত্থাপিত প্রতিটি অভিযোগের জন্য, তাদের কাছ থেকে একটি অভিযোগ নম্বর নেওয়ার চেষ্টা করা উচিত, যাতে পূর্ববর্তী সমস্ত অভিযোগের রেকর্ড থাকে। এই অভিযোগ নম্বরগুলি আবার প্রতিবেশীদের সাথে অতীতের ঘটনাগুলি উল্লেখ করার জন্য, পুলিশের মতো অন্যান্য সংস্থাগুলিতে অভিযোগ করার সময় বা

আদালতে মামলা দায়ের করার সময় ব্যবহার করা যেতে পারে।

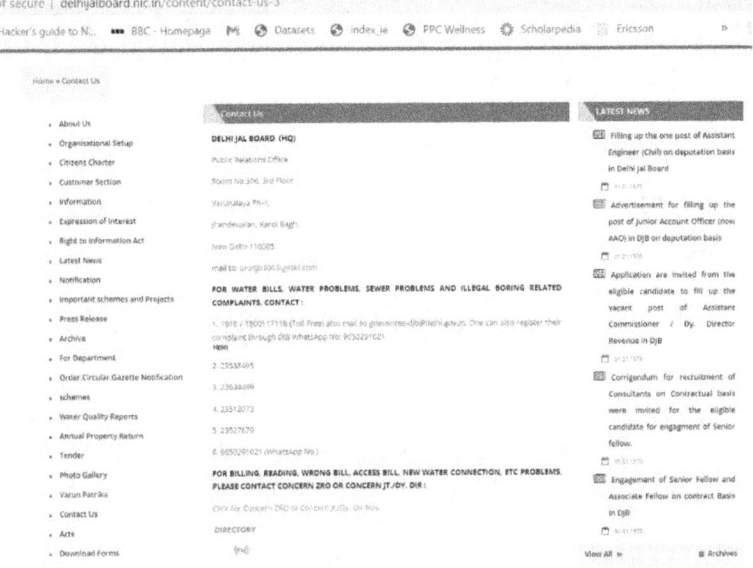

চিত্র: দিল্লিতে জল সরবরাহের জন্য দায়ী সংস্থা দিল্লি জল বোর্ডের ওয়েবসাইট, যেখানে তাদের সাথে যোগাযোগ করার এবং অভিযোগ দায়ের করার নম্বর এবং উপায়গুলি তালিকাভুক্ত করা হয়েছে।

6.3 অন্যান্য পরিষেবা যেমন গ্যাস, ওয়াইফাই ইন্টারনেট বা কেবল টিভি চুরি

প্রতিবেশীদের সাথে সমস্যা

ইন্টারনেটের মতো অন্যান্য পরিষেবা চুরির ক্ষেত্রে, প্রথমে আমাদের নিশ্চিত করা উচিত যে আমাদের ওয়াইফাই পাসওয়ার্ড সুরক্ষিত আছে, ওয়্যারলেস পরিষেবার ক্ষেত্রে। তারযুক্ত পরিষেবার ক্ষেত্রে, আমরা তদন্তের জন্য ইন্টারনেট সরবরাহকারীকে কল করতে পারি।

একইভাবে কেবল টিভি এবং অন্যান্য পরিষেবার ক্ষেত্রে, আমরা সংশ্লিষ্ট পরিষেবা সরবরাহকারীদের কল করতে পারি এবং পরিষেবার যে কোনও সন্দেহজনক চুরির তদন্তের জন্য তাদের সাহায্য চাইতে পারি।

তথ্য প্রযুক্তি (2000) আইন ইন্টারনেট ব্যবহারের অননুমোদিত চুরির মতো সাইবার অপরাধের সাথে সম্পর্কিত। তথ্য প্রযুক্তি আইনের 9 নম্বর অধ্যায়ে নিম্নলিখিত বিষয়গুলি বলা হয়েছে:

৪৩. ৬ [দণ্ড এবং ক্ষতিপূরণ] কম্পিউটার, কম্পিউটার সিস্টেম ইত্যাদির ক্ষতির জন্য। - যদি কোনও ব্যক্তি মালিক বা কম্পিউটার, কম্পিউটার সিস্টেম বা কম্পিউটার নেটওয়ার্কের দায়িত্বে থাকা অন্য কোনও ব্যক্তির অনুমতি ব্যতীত, - (ক) এই জাতীয় কম্পিউটার, কম্পিউটার সিস্টেম বা কম্পিউটার নেটওয়ার্ক ৭ [বা কম্পিউটার রিসোর্স] অ্যাক্সেস করে বা অ্যাক্সেস সুরক্ষিত করে;

(খ) এই জাতীয় কম্পিউটার, কম্পিউটার সিস্টেম বা কম্পিউটার নেটওয়ার্ক থেকে যে কোনও তথ্য, কম্পিউটার ডেটাবেস বা তথ্য ডাউনলোড, অনুলিপি বা আহরণ করে, যার মধ্যে কোনও অপসারণযোগ্য স্টোরেজ মাধ্যমে রাখা বা সংরক্ষণ করা তথ্য বা ডেটা অন্তর্ভুক্ত রয়েছে;

(গ) কোনও কম্পিউটার, কম্পিউটার সিস্টেম বা কম্পিউটার নেটওয়ার্কে কোনও কম্পিউটার দূষণকারী বা কম্পিউটার ভাইরাস প্রবেশ করায় বা প্রবেশ করায়;

(ঘ) কোনও কম্পিউটার, কম্পিউটার সিস্টেম বা কম্পিউটার নেটওয়ার্কে থাকা কোনও কম্পিউটার, কম্পিউটার সিস্টেম বা কম্পিউটার নেটওয়ার্ক, ডেটা, কম্পিউটার ডেটাবেস বা অন্য কোনও প্রোগ্রাম ক্ষতিগ্রস্থ করে বা ক্ষতিগ্রস্থ করে;

(ঙ) কোনও কম্পিউটার, কম্পিউটার সিস্টেম বা কম্পিউটার নেটওয়ার্ক ব্যাহত করে বা ব্যাহত করে;

(চ) কোনও কম্পিউটার, কম্পিউটার সিস্টেম বা কম্পিউটার নেটওয়ার্কে অ্যাক্সেসের জন্য অনুমোদিত কোনও ব্যক্তির অ্যাক্সেস অস্বীকার করে বা অস্বীকার করে;

(ছ) এই আইন, এর অধীনে প্রণীত নিয়ম বা প্রবিধানের বিধান লঙ্ঘন করে কোনও ব্যক্তিকে

কোনও কম্পিউটার, কম্পিউটার সিস্টেম বা কম্পিউটার নেটওয়ার্কে অ্যাক্সেস সহজতর করার জন্য কোনও সহায়তা প্রদান করে;

(জ) কোনও কম্পিউটার, কম্পিউটার সিস্টেম বা কম্পিউটার নেটওয়ার্কের সাথে হস্তক্ষেপ বা হেরফের করে কোনও ব্যক্তির দ্বারা প্রদত্ত পরিষেবাগুলি অন্য ব্যক্তির অ্যাকাউন্টে চার্জ করে;

(i) কোনও কম্পিউটার রিসোর্সে থাকা কোনও তথ্য ধ্বংস করে, মুছে ফেলে বা পরিবর্তন করে অথবা এর মূল্য বা উপযোগিতা হ্রাস করে অথবা কোনও উপায়ে ক্ষতিকারকভাবে প্রভাবিত করে;

(ঞ) ক্ষতি করার উদ্দেশ্যে কম্পিউটার রিসোর্সে ব্যবহৃত কোনও কম্পিউটার সোর্স কোড চুরি করে, গোপন করে, ধ্বংস করে বা পরিবর্তন করে বা কোনও ব্যক্তিকে চুরি, গোপন করে, ধ্বংস করে বা পরিবর্তন করতে বাধ্য করে;

তিনি ক্ষতিগ্রস্ত ব্যক্তিকে ক্ষতিপূরণ হিসাবে ক্ষতিপূরণ দিতে বাধ্য থাকবেন।

গ্যাসের মতো ইউটিলিটি চুরির সন্দেহ হলে, বিশেষজ্ঞ, বিশেষ করে গ্যাস কোম্পানির কাছ থেকে, ফোন করে প্রথমে যাচাই করে নেওয়া ভালো যে চুরি আসলেই ঘটছে কিনা। সর্বদা হিসাবে, ছবি

এবং ভিডিও আকারে প্রমাণ সংগ্রহ এবং সংরক্ষণ করতে ভুলবেন না।

6.4 ডাক এবং অন্যান্য জিনিসপত্র চুরি

যদি আমাদের সন্দেহ হয় যে আমাদের ডাকঘর প্রতিবেশীরা চুরি করছে, তাহলে আমরা কয়েকটি পদক্ষেপ নিতে পারি:

- ডাকঘর বা অন্যান্য জিনিসপত্র চুরি হচ্ছে কিনা তা ধরার জন্য কৌশলগত স্থানে সিসিটিভি ক্যামেরা স্থাপন করা।

- চুরি হচ্ছে কিনা তা যাচাই করার জন্য কয়েকটি ডামি প্যাকেজ বা ডাকঘর পাঠান।

- সঠিক পরিস্থিতি নিশ্চিত করতে আমাদের এলাকার পোস্টম্যান বা কুরিয়ার ব্যক্তির সাথে কথা বলুন।

ভারতীয় ডাকঘর আইন, 1898 এর অধীনে ডাকঘর চুরি একটি আমলযোগ্য অপরাধ।

ভারতীয় ডাকঘর আইন, 1898 এর ধারা 69-এ নিম্নলিখিত বিষয়গুলি বলা হয়েছে:

বেআইনিভাবে চিঠি স্থানান্তরের শাস্তি।- যে কেউ, ডাকঘরের কর্মকর্তা না হয়ে, ইচ্ছাকৃতভাবে এবং বিদ্বেষপূর্ণভাবে, যে কোনও ব্যক্তিকে আহত করার উদ্দেশ্যে, যে কোনও চিঠি যা সরবরাহ করা উচিত ছিল তা খোলে বা খোলার কারণ হয়, অথবা এমন কোনও কাজ করে যার ফলে কোনও ব্যক্তির কাছে চিঠির যথাযথ বিতরণ বাধাগ্রস্ত হয়, তার ছয় মাস পর্যন্ত কারাদণ্ড, অথবা পাঁচশ টাকা পর্যন্ত জরিমানা, অথবা উভয় দণ্ডে দণ্ডিত হতে পারে।

অতএব, যদি কেউ সিসিটিভি, ছবি, ভিডিও বা অন্য কোনও প্রমাণের মাধ্যমে প্রমাণ করতে পারে যে প্রতিবেশীরা আমাদের ডাক চুরি করছে, তাহলে সেই ভিত্তিতে পুলিশে অভিযোগ দায়ের করা যেতে পারে।

6.5 বিদ্যুৎ বা পানির মতো সাধারণ ইউটিলিটিগুলির ইউটিলিটি বিল ভাগ করে নিতে প্রতিবেশীদের অস্বীকৃতি

কখনও কখনও আমরা এমন কোনও অ্যাপার্টমেন্ট কমপ্লেক্স বা ফ্ল্যাটের একটি গ্রুপ বা স্বাধীন বাড়িতে থাকি যেখানে বিদ্যুৎ বা পানির মতো ইউটিলিটি বিল প্রতিবেশীদের সাথে ভাগ করে নেওয়া হয়। মাঝে মাঝে আমাদের দুর্ভাগ্য হতে পারে যে এমন

প্রতিবেশীদের সাথে সমস্যা

একজন প্রতিবেশী আছেন যিনি পানির বিল বা বিদ্যুৎ বিলের ন্যায্য অংশ ব্যবহার করার পরেও পরিশোধ করতে অস্বীকার করেন। এই ধরনের ক্ষেত্রে, আমরা আটকে থাকতে পারি কারণ এই ধরনের ছোটখাটো বিষয়ে আদালতে মামলা দায়ের করা ব্যয়বহুল এবং ঝামেলাপূর্ণ হতে পারে এবং এটি কেবল মূল্যবান নয়।

শেয়ার্ড হাউজিং সেটআপে, প্রতিবেশীরা বিদ্যুৎ, পানি বা ইন্টারনেটের জন্য তাদের সাধারণ ইউটিলিটি বিলের অংশ পরিশোধ করতে অস্বীকৃতি জানালে বিরোধ দেখা দিতে পারে। এর ফলে অর্থ প্রদানকারী পক্ষের আর্থিক চাপ তৈরি হতে পারে।

অর্থ পরিশোধ না করার পদক্ষেপ:

- আলোচনা: আপনার প্রতিবেশীদের সাথে সমস্যাটি নিয়ে আলোচনা করুন এবং দ্রুত অর্থ প্রদানের অনুরোধ করুন। প্রমাণ হিসাবে অতীতের বিল এবং রসিদ উপস্থাপন করুন।

- সাব-মিটার ইনস্টল করুন: যদি সম্ভব হয়, ব্যক্তিগত ব্যবহার পরিমাপ করার জন্য সাব-মিটার ইনস্টল করুন। এটি বিলিংয়ের বিরোধগুলি সমাধান করা সহজ করে তোলে।

প্রতিবেশীদের সাথে সমস্যা

- আলাপ: স্থানীয় বিদ্যুৎ বা পানি বোর্ডের মাধ্যমে একটি স্বাধীন ইউটিলিটি সংযোগের জন্য আবেদন করুন।

প্রতিবেশীকে তাদের বিলের অংশ পরিশোধ করতে বাধ্য করার জন্য আমরা কিছু পদক্ষেপ নিতে পারি:

- বিদ্যুৎ বা পানির বিলের ন্যায্য অংশ পরিশোধের প্রয়োজনীয়তা সম্পর্কে প্রতিবেশীদের সাথে আলোচনা করার চেষ্টা করুন। পূর্ববর্তী বিলগুলি যেগুলি এখনও পরিশোধ করা হয়নি এবং যদি থাকে তার প্রমাণপত্র সাথে রাখুন। এটি সবচেয়ে সহজ এবং সবচেয়ে পছন্দনীয় বিকল্প। বারবার আলোচনা করার পরেও যদি তারা বিল ভাগ করে নিতে রাজি না হয়, তবেই অন্যান্য পদক্ষেপগুলি চেষ্টা করুন।

- ইউটিলিটিগুলির মিটার রিডিং আলাদা করুন, যেমন আপনি যে জল বা বিদ্যুতের ব্যবহার করছেন তার জন্য একটি সাব-মিটার ইনস্টল করে। সাব-মিটারের রিডিং অনুসারে প্রতিবেশীদের বিলের ন্যায্য অংশ পরিশোধ করতে রাজি করান।

- ইউটিলিটির জন্য একটি আলাদা এবং পৃথক সংযোগ পান। নতুন সংযোগের জন্য জল

প্রতিবেশীদের সাথে সমস্যা

বোর্ড বা বিদ্যুৎ বোর্ডকে একটি লিখিত চিঠি লিখুন।

- অপ্রদান সম্পর্কে ইউটিলিটি বোর্ডের কাছে একটি লিখিত অভিযোগ দায়ের করুন। প্রথমে আপনার পরিশোধের প্রমাণ পান। ভাগ করে নেওয়া অর্থ পেতে তাদের হস্তক্ষেপ করতে বলুন।

- প্রতিবেশীদের অপ্রদান সম্পর্কে স্থানীয় পৌরসভা বা কর্পোরেশনের কাছে অভিযোগ দায়ের করুন। আগের মতোই, সর্বদা প্রথমে সমস্ত বিল এবং তার প্রাপ্তির একটি সতর্কতার সাথে রেকর্ড রাখুন এবং অভিযোগের সাথে বিল পরিশোধের সমস্ত প্রমাণ সংযুক্ত করুন।

- স্থানীয় পুলিশ, স্থানীয় RWA বা আবাসিক কল্যাণ সমিতি, স্থানীয় পৌর কর্তৃপক্ষ এবং অন্য কোনও কর্তৃপক্ষের কাছে ভাগ করা বিল পরিশোধ না করার বিষয়ে একটি লিখিত অভিযোগ দায়ের করুন এবং তাদের হস্তক্ষেপ এবং এই বিষয়ে সাহায্য করার জন্য অনুরোধ করুন।

- প্রতিবেশীদের একজন আইনজীবীর কাছ থেকে একটি আইনি নোটিশ পাঠান যাতে

প্রতিবেশীদের সাথে সমস্যা

মামলার সঠিক তথ্য এবং তাদের কাছ থেকে কত টাকা বকেয়া আছে তা উল্লেখ করা হয়। নির্দিষ্ট তারিখের মধ্যে যদি তারা পরিশোধ না করে তবে তারা কতটা সুদ দায়বদ্ধ থাকবে তা স্পষ্টভাবে উল্লেখ করুন।

- অন্য ব্যক্তির কাছ থেকে আপনার কাছে পাওনা ছোট পরিমাণ আদায়ের জন্য উপলব্ধ বিভিন্ন অভিযোগ এবং পুনরুদ্ধারের ব্যবস্থা চেষ্টা করুন।

- প্রতিবেশীদের দ্বারা পরিশোধ না করার লিখিত নোটিশ দেওয়ার পরে আপনি ইউটিলিটির জন্য সমস্ত অর্থ প্রদান বন্ধ করার চেষ্টা করতে পারেন। অবশেষে অর্থ প্রদান না করার কারণে ইউটিলিটি সংযোগ বিচ্ছিন্ন হয়ে যেতে পারে যা আপনার পাশাপাশি প্রতিবেশীদেরও প্রভাবিত করবে। তবে, এটি হওয়ার আগে আপনি বিদ্যুৎ বোর্ড বা জল বোর্ডের একাধিক কর্তৃপক্ষকে লিখিতভাবে একাধিকবার অবহিত করেছেন কিনা তা নিশ্চিত করুন।

- যদি সব ব্যর্থ হয়, তাহলে বকেয়া অর্থ পুনরুদ্ধারের জন্য আদালতে মামলা দায়ের

করুন। এটিই শেষ উপায় হওয়া উচিত, তবে যদি আপনাকে এই বিকল্পটি অবলম্বন করতে হয়, তাহলে সম্পূর্ণ প্রমাণ সংগ্রহ করুন এবং আপনার হোমওয়ার্কটি পুঙ্খানুপুঙ্খভাবে করুন এবং কোনও মামলা শুরু করার আগে এটি কীভাবে করা যায় সে সম্পর্কে একাধিক আইনজীবীর পরামর্শ নিন।

6.6 উপসংহার

ইউটিলিটি নিয়ে বিরোধ হতাশাজনক এবং আর্থিকভাবে কষ্টকর হতে পারে। আইনি কাঠামো বোঝা এবং সাব-মিটার এবং নিরাপত্তা ব্যবস্থা স্থাপনের মতো প্রতিরোধমূলক ব্যবস্থা গ্রহণ, এই সমস্যাগুলি কার্যকরভাবে সমাধানে সহায়তা করতে পারে। পরবর্তী অধ্যায়ে, আমরা প্রতিবেশীদের কাছ থেকে হুমকি, সহিংসতা এবং হয়রানির সমস্যাগুলি অন্বেষণ করব।

অধ্যায় 7: প্রতিবেশীদের কাছ থেকে হুমকি, সহিংসতা এবং হয়রানি

কিছু প্রতিবেশী বিরোধ হুমকি, হয়রানি, এমনকি সহিংসতার মতো গুরুতর সমস্যায় পরিণত হয়। ব্যক্তিগত নিরাপত্তা এবং মানসিক শান্তি নিশ্চিত করার জন্য এই পরিস্থিতিতে তাৎক্ষণিক মনোযোগ এবং যথাযথ পদক্ষেপ নেওয়া প্রয়োজন। এই অধ্যায়ে এই ধরনের সমস্যাগুলি কীভাবে সমাধান করা যায় সে সম্পর্কে নির্দেশনা দেওয়া হয়েছে।

7.1 ভারতীয় দণ্ডবিধি / ভারতীয় ন্যায় সংহিতার ধারাগুলি আক্রমণ এবং আঘাতের সাথে সম্পর্কিত

ভারতীয় দণ্ডবিধির 268 ধারা (এবং ভারতীয় ন্যায় সংহিতা বা BNS-এর সংশ্লিষ্ট ধারা) বলে:

আইপিসি 268 জনসাধারণের উপদ্রব - একজন ব্যক্তি জনসাধারণের উপদ্রবের জন্য দোষী, যিনি এমন কোনও কাজ করেন বা অবৈধভাবে ভুল করেন যা জনসাধারণ বা আশেপাশে বসবাসকারী বা সম্পত্তি দখলকারী সাধারণ মানুষের জন্য কোনও সাধারণ আঘাত, বিপদ বা বিরক্তির কারণ হয়, অথবা যা অবশ্যই এমন ব্যক্তিদের জন্য আঘাত, বাধা, বিপদ বা বিরক্তির কারণ হয় যাদের কোনও জনসাধারণের অধিকার ব্যবহার করার সুযোগ থাকতে পারে। একটি সাধারণ উপদ্রব এই কারণে ক্ষমা করা হয় না যে এটি কিছু সুবিধা বা সুবিধার কারণ হয়।

আইপিসির 425 ধারায় বলা হয়েছে:

আইপিসি 425 (দুষ্টুমি) - যে কেউ জনসাধারণের বা কোনও ব্যক্তির অন্যায় ক্ষতি বা ক্ষতি করার উদ্দেশ্যে বা জানার জন্য কোনও সম্পত্তি ধ্বংস করে, অথবা কোনও সম্পত্তিতে বা তার পরিস্থিতিতে এমন কোনও পরিবর্তন আনে যা এর মূল্য বা উপযোগিতা ধ্বংস করে, হ্রাস করে, অথবা ক্ষতিকারকভাবে প্রভাবিত করে, সে "দুষ্টুমি" করে।

IPC 506 (ফৌজদারি ভীতি প্রদর্শন): কাউকে ক্ষতি করার হুমকি দেওয়া বা ক্ষতির ভয় দেখানো এই ধারার অধীনে শাস্তিযোগ্য।

IPC-এর এই ধারাগুলি অত্যধিক শব্দ এবং অন্যান্য ঝামেলা সৃষ্টিকারী ঝামেলাপূর্ণ প্রতিবেশীদের ক্ষেত্রে ব্যবহার করা যেতে পারে। প্রতিবেশীদের হয়রানির বিরুদ্ধে আদালত থেকে নিষেধাজ্ঞা পাওয়ার জন্য এটি আমাদের জন্য আইনি ভিত্তি হতে পারে।

7.2 প্রতিবেশীদের দ্বারা হুমকি বা সহিংস আক্রমণের শিকার হলে কী কী পদক্ষেপ নিতে হবে

আমাদের প্রতিবেশীরা যদি শারীরিক বা মৌখিকভাবে হুমকির সম্মুখীন হন, তাহলে নিম্নলিখিত পদক্ষেপগুলি নেওয়া যেতে পারে:

- স্থানীয় থানায় নিয়মিত অভিযোগ দায়ের করুন অথবা ১০০ নম্বরে কল করুন।

- আইনজীবীর সাহায্যে হুমকি প্রদানকারী ব্যক্তিকে অবিলম্বে থামতে এবং বিরত থাকতে বলুন, অন্যথায় আইনি ব্যবস্থা নেওয়া হবে।

- প্রতিবেশীদের সহিংস কর্মকাণ্ডে আহত হলে, যেকোনো সরকারি হাসপাতালের ডাক্তারের রিপোর্ট এবং আঘাতের যেকোনো আলোকচিত্রের প্রমাণ সংগ্রহ করুন।

প্রতিবেশীদের সাথে সমস্যা

- আমরা আমাদের অভিযোগের বিবরণ, যেমন সিনিয়র পুলিশ সুপার (এসএসপি) বা ডেপুটি কমিশনার অফ পুলিশ (ডিসিপি) সহ সরাসরি উচ্চতর পুলিশ কর্তৃপক্ষের সাথে যোগাযোগ করতে পারি।

- আমরা ভারতীয় দণ্ডবিধির ৫০৬ ধারার অধীনে অভিযোগ দায়ের করতে পারি: ফৌজদারি ভীতি প্রদর্শন।

- তীব্রতার উপর নির্ভর করে, আমরা স্থানীয় থানায় আমাদের প্রতিবেশীদের দ্বারা ফৌজদারি ভীতি প্রদর্শনের বিষয়ে একটি অ-জ্ঞানযোগ্য (এনসি) অভিযোগ দায়ের করতে পারি।

- যদি পুলিশ আমাদের অভিযোগের ভিত্তিতে ব্যবস্থা না নেয়, যা প্রতিবেশীরা রাজনৈতিকভাবে যুক্ত থাকলে ঘটতে পারে, তাহলে আমরা আদালতে মামলা করতে পারি যাতে পুলিশকে এফআইআর দায়ের করার নির্দেশ দেওয়া হয়।

- স্থানীয় সাংসদ, বিধায়ক, অথবা কর্পোরেটরের কাছে চিঠি লিখে সুরক্ষার জন্য অনুরোধ করা এবং আমাদের

প্রতিবেশীদের সাথে সমস্যা

প্রতিবেশীদের দ্বারা ভয় দেখানো বা সহিংসতার সম্পূর্ণ বিবরণ দেওয়া।

- আমাদের হুমকি দেওয়া প্রতিবেশীর বিরুদ্ধে নিষেধাজ্ঞার আদেশ চেয়ে স্থানীয় আদালতে আবেদন করা।

প্রাথমিক হুমকি দেওয়ার সাথে সাথে আমরা যদি ব্যবস্থা নিই এবং কর্তৃপক্ষকে তাৎক্ষণিকভাবে রিপোর্ট করি, তাহলে তারা পরবর্তীতে পরিস্থিতি আরও খারাপ হওয়া থেকে রক্ষা করবে।

চিত্র: ভারতের একটি পুলিশ স্টেশনে একজন প্রবীণ নাগরিক পুলিশ অফিসারের কাছে অভিযোগ করছেন।

7.3 প্রবীণ নাগরিক বা প্রবীণদের হুমকি দেওয়া বা আক্রমণ করা হলে ব্যবস্থা গ্রহণ

হুমকির সম্মুখীন ব্যক্তিরা যদি প্রবীণ নাগরিক হন তবে নিম্নলিখিত অতিরিক্ত ব্যবস্থা গ্রহণ করা যেতে পারে:

- স্থানীয় পুলিশের প্রবীণদের হেল্পলাইনে (1090, 1091, 1291) কল করুন এবং অভিযোগ করুন। আমাদের শহরে যদি প্রবীণ নাগরিকদের জন্য সেল থাকে, তাহলে তার ওয়েবসাইট বা নম্বর থাকতে পারে। যদি থাকে, তাহলে প্রবীণ নাগরিকদের জন্য সেল ব্যবহার করাই ভালো, কারণ এগুলি বিশেষভাবে প্রবীণ নাগরিকদের জন্য পরিচালিত এবং আরও সহানুভূতিশীল এবং ধৈর্যশীল শ্রবণ প্রদান করবে।

- প্রায়শই প্রবীণ নাগরিকদের জন্য দাতব্য সংস্থা এবং এনজিও যেমন হেল্পএজ ইন্ডিয়া এবং দাদা দাদি সংস্থার মাধ্যমে অনেক

ভারতীয় শহরে হেল্পলাইন পরিচালনা করা হয়। গুগলে অথবা সার্চ করে দেখুন যে এই ধরণের হেল্পলাইন পাওয়া যায় কিনা। যদি এমন কোনও হেল্পলাইন থাকে, তাহলে আমরা আমাদের শহরে হেল্পলাইনে কল করতে পারি এবং সম্পূর্ণ বিবরণ দিয়ে সাহায্য চাইতে পারি।

- স্থানীয় সিনিয়র সিটিজেন ট্রাইব্যুনালে (সাধারণত অতিরিক্ত জেলা ম্যাজিস্ট্রেট বা এসডিএম) একটি লিখিত আবেদন দাখিল করুন যাতে প্রবীণ নাগরিক সুরক্ষা আইন ২০০৭ এর অধীনে আমাদের প্রতিবেশীদের কাছ থেকে সুরক্ষার জন্য বিস্তারিত তথ্য এবং অনুরোধ জানানো হয়।

- একটি গুরুত্বপূর্ণ বিষয় মনে রাখবেন যে, মৌখিকভাবে নয় বরং লিখিতভাবে সবকিছু জানানো উচিত, কর্তৃপক্ষের সাথে লিখিত রেকর্ড তৈরি করা উচিত। শুধুমাত্র মৌখিক রেকর্ড থাকলে প্রবীণ নাগরিকরা ঘটনাগুলি ভুলে যেতে পারেন।

প্রতিবেশীদের সাথে সমস্যা

চিত্র: দিল্লি পুলিশের সিনিয়র সিটিজেন সেলের ওয়েবসাইট

7.4 নারীদের হুমকি বা আক্রমণের ক্ষেত্রে ব্যবস্থা গ্রহণ

প্রতিবেশীদের সাথে সমস্যা

চিত্র: জাতীয় মহিলা কমিশনের (NCW) ওয়েবসাইট, যেখানে মহিলারা অভিযোগ দায়ের করতে পারেন।

হুমকির সম্মুখীন ব্যক্তিরা যদি মহিলা হন তবে নিম্নলিখিত অতিরিক্ত ব্যবস্থা গ্রহণ করা যেতে পারে:

- আমরা আমাদের শহর বা রাজ্যের জাতীয় মহিলা কমিশন (NCW) সেলে অভিযোগ দায়ের করতে পারি। NCW ওয়েবসাইটটি উপরের চিত্রে দেখানো হয়েছে।

- কিছু শহরে, স্থানীয় পুলিশের একটি পৃথক মহিলা সেল থাকতে পারে। আমরা সেখানে অভিযোগ দায়ের করতে পারি।

- আমাদের শহরে বনিতা সহায়ভানির মতো দাতব্য সংস্থা বা এনজিও থাকতে পারে যা মহিলাদের সাহায্য করার জন্য কাজ করছে। আমরা অতিরিক্তভাবে এই দাতব্য সংস্থাগুলির যেকোনো একটিতে অভিযোগ করতে পারি।

7.5 যদি কারো গৃহকর্মী বা চাকর প্রতিবেশীদের দ্বারা হয়রানির শিকার হয়, তাহলে ব্যবস্থা গ্রহণ করা যেতে পারে

যদি কারো প্রতিবেশী আমাদের গৃহকর্মী যেমন মালী, গৃহকর্মী, পরিচারিকা ইত্যাদিকে হয়রানি এবং বাধা প্রদান করে, তাহলে নিম্নলিখিত ব্যবস্থা গ্রহণ করা যেতে পারে।

- হয়রানির শিকার হওয়া আমাদের গৃহকর্মীর কাছ্ থেকে লিখিত এবং মৌখিক বিবৃতি রেকর্ড করুন।
- এই বিবৃতিগুলি সহ অন্যান্য ভয় দেখানোর অভিযোগের পাশাপাশি পুলিশের কাছে অভিযোগ দায়ের করুন।

হয়রানির জন্য ফৌজদারি মামলা সংশ্লিষ্ট ভারতীয় দণ্ডবিধির ধারা অনুসারে পুলিশের কাছে রেকর্ড

প্রতিবেশীদের সাথে সমস্যা

করা যেতে পারে। যদি পুলিশ ব্যবস্থা না নেয়, তাহলে আদালতে মামলা দায়ের করা যেতে পারে যাতে পুলিশকে এফআইআর দায়ের করতে বাধ্য করা যায়।

যখন কারো ডেলিভারি এজেন্ট, পোস্টম্যান বা কুরিয়ার ডেলিভারি ব্যক্তিদের প্রতিবেশীরা হয়রানি বা বাধা প্রদান করে অথবা তাদের কাজ করতে না দেয়, তখনও একই ব্যবস্থা গ্রহণ করা হয়।

7.6 উপসংহার

প্রতিবেশীদের হুমকি, সহিংসতা এবং হয়রানি গুরুতর সমস্যা যার জন্য দ্রুত ব্যবস্থা গ্রহণ করা প্রয়োজন। আপনার নিরাপত্তা নিশ্চিত করতে এবং বিষয়টি সমাধানের জন্য পুলিশে অভিযোগ দায়ের করা, প্রমাণ লিপিবদ্ধ করা এবং আইনি বা সরকারি কর্তৃপক্ষের সহায়তা চাওয়া অপরিহার্য পদক্ষেপ। পরবর্তী অধ্যায়ে শিশু এবং পোষা প্রাণী সম্পর্কিত সমস্যাগুলি নিয়ে আলোচনা করা হবে।

অধ্যায় ৪: শিশু এবং পোষা প্রাণীর সাথে সম্পর্কিত সমস্যা

শিশু এবং পোষা প্রাণী প্রতিবেশীদের মধ্যে বিরোধের সাধারণ উৎস। যদিও তাদের কাজগুলি প্রায়শই অনিচ্ছাকৃত হয়, তারা ঝামেলা বা ক্ষতির কারণ হতে পারে, যার ফলে দ্বন্দ্ব দেখা দিতে পারে। এই অধ্যায়ে শিশু এবং পোষা প্রাণীর সাথে জড়িত সাধারণ সমস্যাগুলি অন্বেষণ করা হয়েছে এবং সেগুলি সমাধানের ব্যবহারিক উপায়গুলি পরামর্শ দেওয়া হয়েছে।

চিত্র: বাচ্চারা খেলছে এবং কারও গাড়ির ক্ষতি করছে।

8.1 প্রতিবেশীদের বাচ্চাদের সাথে সম্পর্কিত সমস্যার সারসংক্ষেপ

প্রতিবেশীদের বাচ্চারা বিভিন্ন ধরণের সমস্যা সৃষ্টি করতে পারে। তারা খুব জোরে বাজাতে পারে অথবা জোরে গান বাজাতে পারে। খেলার সময় তারা কারও সম্পত্তির ক্ষতি করতে পারে, যেমন পার্ক করা গাড়িতে আঁচড় পড়ে যাওয়া বা ক্রিকেট খেলার সময় ক্রিকেট বল দিয়ে কারও জানালা

ভেঙে ফেলা। তারা নিজের বাচ্চাদের উপরও নির্যাতন চালাতে পারে।

৪.2 প্রতিবেশীদের বাচ্চাদের সাথে সম্পর্কিত সমস্যাগুলি কীভাবে মোকাবেলা করবেন

শিশুরা শিশু, তাই তাদের নিজস্ব কর্মের পরিণতি সম্পর্কে সচেতন নাও হতে পারে। এছাড়াও, তাদের আচরণ তাদের লালন-পালনের সাথে সম্পর্কিত হতে পারে।

অতএব, প্রতিবেশীর বাচ্চাদের সাথে আচরণ করার সময় সংবেদনশীল হওয়া ভাল। প্রতিবেশীর বাচ্চাদের খুব বেশি শব্দ না করার বা তাদের সম্পত্তির ক্ষতি না করার জন্য মৃদুভাবে কিন্তু দৃঢ়ভাবে সতর্ক করা উচিত। কোনও পরিস্থিতিতেই প্রতিবেশীর বাচ্চাদের ক্ষতি করার চেষ্টা করা উচিত নয়।

যদি তা কাজ না করে, অথবা যদি ধমক দেওয়ার মতো ঘটনা ঘটে, তাহলে প্রতিবেশীর বাচ্চাদের বাবা-মায়ের সাথে যোগাযোগ করা যেতে পারে এবং তাদের বাচ্চাদের আচরণ নিয়ন্ত্রণ করার জন্য অনুরোধ করা যেতে পারে। স্বামী-স্ত্রী উভয়েই প্রতিবেশীদের সাথে এই ধরনের আলোচনায় অংশ নেওয়া ভাল। তবে, এখানে নিজের আওয়াজ না

প্রতিবেশীদের সাথে সমস্যা

তোলা এবং বাচ্চাদের সামনে প্রতিবেশীদের সাথে লড়াই না করার জন্য সংবেদনশীল হওয়া উচিত। প্রতিবেশীদের সাথে আলোচনার বিভাগে উল্লেখিত অন্যান্য কৌশলও ব্যবহার করা যেতে পারে।

তবে, যদি তাদের বাচ্চাদের আচরণ সম্পর্কে প্রতিবেশীদের সাথে আলোচনা কাজ না করে বলে মনে হয়, তাহলে কেউ হাউজিং অ্যাসোসিয়েশনের কাছে যেতে পারে এবং তাদের কাছে অভিযোগ করতে পারে। নিজের সম্পত্তি এবং নিজের সন্তানদের সুরক্ষিত রাখার জন্য এবং প্রতিবেশীদের সন্তানদের সাথে যে কোনও ঘটনা যাতে আবার না ঘটে সেজন্য ব্যবস্থা নেওয়া যেতে পারে। এই ধরনের পদক্ষেপের উদাহরণ হতে পারে উঁচু সীমানা প্রাচীর স্থাপন করা অথবা সিসিটিভি লাগানো সঠিক গেট স্থাপন করা। যদি এর কোনটিই কাজ না করে, তাহলে পুলিশের সাথে যোগাযোগ করা যেতে পারে। তবে, পুলিশের সাথে যোগাযোগ করা বাঞ্ছনীয় নয় এবং এটি শুধুমাত্র শেষ অবলম্বন হিসাবে করা উচিত, কারণ শিশুরা নাবালক এবং তাই আইনত দায়ী নয়। এছাড়াও, এই ধরনের অভিজ্ঞতা জড়িত শিশুদের জন্য বেদনাদায়ক হতে পারে।

৪.3 নিজের বাচ্চাদের সাথে সম্পর্কিত সমস্যার সারসংক্ষেপ

নিজের বাচ্চাদের এবং প্রতিবেশীদের সাথে সম্পর্কিত অন্যান্য ধরণের সমস্যাও থাকতে পারে। প্রতিবেশীদের বাচ্চাদের সাথে অনিরাপদ এলাকায় খেলার সময় বা দুটি দলের বাচ্চাদের মধ্যে লড়াইয়ের সময় কারও বাচ্চারা আহত হতে পারে। প্রতিবেশীদের বাচ্চারা আমাদের বাচ্চাদের ধমক দিতে পারে। এছাড়াও, প্রতিবেশীর প্রাপ্তবয়স্করা কারও বাচ্চাদের তিরস্কার করতে পারে বা আঘাত করতে পারে।

৪.4 নিজের বাচ্চাদের সাথে সম্পর্কিত সমস্যা সমাধান

এখানেও একই কৌশল অবলম্বন করা বাঞ্ছনীয়। প্রথমে নিজের বাচ্চাদের সাথে কথা বলা উচিত এবং যেকোনো ঘটনার বিস্তারিত জানা উচিত শান্তভাবে। এরপর, কেউ সিদ্ধান্ত নিতে পারে যে সমস্যাটি প্রতিবেশীদের কাছে ছড়িয়ে দেওয়া উচিত কিনা।

নিজের বাচ্চাদের প্রতিরক্ষামূলক হওয়া উচিত কিন্তু অতিরিক্ত সুরক্ষামূলক নয় এবং মনে রাখা উচিত যে অন্যদের সাথে খেলার সময় কারও বাচ্চারা

আহত হতে পারে। প্রয়োজনে, সর্বদা নিজের সন্তানের তত্ত্বাবধানে রাখা উচিত এবং তাদের বিপজ্জনক এলাকায় খেলতে দেওয়া উচিত নয়।

যদি কারো বাচ্চা প্রতিবেশীর বাচ্চাদের দ্বারা আহত হয়ে থাকে, তাহলে বাচ্চাদের কাছ থেকে একটি সাধারণ ক্ষমা চাওয়াই যথেষ্ট। যদি বাচ্চারা গুরুতরভাবে আহত হয় এবং হাসপাতালে ভর্তির প্রয়োজন হয়, তবে চিকিৎসা বিলের কিছু অংশ তাদের কাছে ভাগ করে নেওয়ার জন্য অনুরোধ করা যেতে পারে, যদিও এটি একটি ব্যক্তিগত বিষয় এবং সম্ভবত এটি সম্ভব নয়।

যদি আলোচনা কাজ না করে, তাহলে হাউজিং অ্যাসোসিয়েশন, পুলিশ বা আদালতে অভিযোগ করার স্বাভাবিক বিকল্পগুলি চেষ্টা করা যেতে পারে, তবে কেবলমাত্র একটি অত্যন্ত শেষ এবং চরম উপায় হিসাবে।

8.5 পোষা প্রাণী সম্পর্কিত সমস্যা সমাধান

বিড়াল এবং কুকুরের মতো পোষা প্রাণীও সমস্যা সৃষ্টি করতে পারে, তা সে নিজের পোষা প্রাণী হোক বা প্রতিবেশীর। এখানেও একই নীতি প্রযোজ্য: প্রথমে আলোচনার মাধ্যমে সমস্যা সমাধানের চেষ্টা করুন। প্রতিবেশীর পোষা প্রাণীর সিসিটিভি

ফুটেজের মতো প্রমাণ রাখুন যা আপনার সম্পত্তিতে ঝামেলা সৃষ্টি করছে।

পোষা প্রাণী সম্পর্কিত কিছু প্রযোজ্য আইন রয়েছে। প্রাণীদের প্রতি নিষ্ঠুরতা প্রতিরোধ আইন, ১৯৬০ অনুসারে সাধারণত প্রাণীদের সুরক্ষিত করা হয়। পশুদের সমস্যা সম্পর্কে পশু কল্যাণ বোর্ডে রিপোর্ট করা যেতে পারে।

নিজের পোষা প্রাণী এবং প্রতিবেশীর পোষা প্রাণী আইন মেনে চলছে কিনা তা নিশ্চিত করা উচিত। বিশেষ করে, কুকুরদের সাধারণ এলাকায় লিশ না করে দৌড়াদৌড়ি করা উচিত নয়, যেখানে তারা মানুষকে কামড়াতে এবং আঘাত করতে পারে। কুকুরকে লিশে রাখা মালিকদের দায়িত্ব এবং তাদের পোষা প্রাণীর দ্বারা সৃষ্ট যেকোনো ক্ষতির জন্য তারা দায়ী।

যদি কেউ প্রতিবেশীর কুকুর কামড়ে ধরে এবং জলাতঙ্ক টিকা দেওয়ার প্রয়োজন হয়, তাহলে কেউ জলাতঙ্কের জন্য হাসপাতাল বা ডাক্তারের প্রেসক্রিপশনের কপি রাখতে পারেন এবং প্রয়োজনে পুলিশের কাছে অভিযোগ করতে পারেন।

4.6 উপসংহার

প্রথম অধ্যায়ে আলোচিত জরিপে আমরা যেমন দেখেছি, শিশুদের সমস্যা এবং প্রতিবেশীর পোষা প্রাণীর সমস্যা ছিল জরিপে তুলে ধরা কিছু প্রধান বিষয়। সংবেদনশীলতা, পারস্পরিক বোঝাপড়া এবং যথাযথ ব্যবস্থা গ্রহণের মাধ্যমে এই সমস্যাগুলির সমাধান করলে পাড়ায় সম্প্রীতি বজায় রাখা সম্ভব। পরবর্তী অধ্যায়ে, আমরা গাছপালা সম্পর্কিত সমস্যাগুলি নিয়ে আলোচনা করব।

অধ্যায় 9: গাছপালা এবং গাছপালা সম্পর্কিত সমস্যা

আবাসিক এলাকায় গাছপালা এবং গাছপালা নিয়ে বিরোধ সাধারণ। গাছপালা বৃদ্ধি, দখল, অথবা গাছপালা দ্বারা সৃষ্ট সম্পত্তির ক্ষতি প্রতিবেশীদের মধ্যে দ্বন্দ্বের কারণ হতে পারে। এই অধ্যায়ে এই সমস্যাগুলি অন্বেষণ করা হয়েছে এবং সেগুলি সমাধানের জন্য ব্যবহারিক পদক্ষেপগুলি প্রদান করা হয়েছে।

প্রতিবেশীদের সাথে সমস্যা

চিত্র: প্রতিবেশী অথবা চোর কারো টবে লাগানো গাছপালা নষ্ট করছে

9.1 আমাদের অনুমতি ছাড়া যদি প্রতিবেশী আমাদের গাছ (গুলি) বা টবে লাগানো গাছপালা ক্ষতিগ্রস্ত করে বা কেটে ফেলে তাহলে কী করবেন?

যদি কোনও প্রতিবেশী অনুমতি ছাড়া আপনার গাছ বা টবে লাগানো গাছপালা কেটে ফেলে, তাহলে আমরা নিম্নলিখিতগুলি করতে পারি:

- আপনার প্রতিবেশীর সাথে সৌহার্দ্যপূর্ণভাবে সমস্যাটি সমাধান করার চেষ্টা করুন। খরচ এড়ানোর জন্য এটি সর্বোত্তম। প্রতিবেশীর সাথে সরাসরি বা মধ্যস্থতার সাথে দেখা করুন, পরিস্থিতি সম্পর্কে আপনার দৃষ্টিভঙ্গি ব্যাখ্যা করুন, তাদের দ্বারা সৃষ্ট খরচ এবং ক্ষতির একটি অনুমানও উল্লেখ করুন। এবং তাদের সম্মত করুন যে এটি আর ঘটবে না।

- যদি কোনও প্রমাণ থাকে (যেমন সিসিটিভি, যদি বাগানে সিসিটিভি ক্যামেরা লাগানো থাকে) সহ পুলিশে অভিযোগ দায়ের করুন

প্রতিবেশীদের সাথে সমস্যা

- বৃক্ষ কর্মকর্তার সাথে যোগাযোগ করুন: ভারতীয় আইন অনুসারে, কেউ বৃক্ষ কর্মকর্তার অনুমতি ছাড়া গাছ (এমনকি তাদের নিজস্ব গাছও) কাটতে পারে না। অতএব, আপনার এলাকার বৃক্ষ কর্মকর্তার কাছে অভিযোগ দায়ের করুন, যা সাধারণত জেলা ম্যাজিস্ট্রেট (ডিএম) বা এসডিএম অফিসের সাথে অভিযোগের বিবরণ সহ সংযুক্ত থাকে। উদাহরণস্বরূপ, দিল্লিতে বৃক্ষ বিভাগের ওয়েবসাইট https://forest.delhi.gov.in/forest/contact-us এবং দিল্লি বন বিভাগের নিয়ন্ত্রণ কক্ষের ফোন নম্বর +911123378513।

- একটি বাধা তৈরি করুন: ভবিষ্যতে দখল রোধ করার জন্য একটি উঁচু সীমানা প্রাচীর বা বেড়া স্থাপন করুন।

- যদি পুলিশ এবং/অথবা এসডিএম পর্যাপ্ত ব্যবস্থা না নেয়, তাহলে কেউ আদালতে মামলা দায়ের করতে পারেন যাতে প্রতিবেশীদের গাছ কাটা বা ক্ষতি করার জন্য নিষেধাজ্ঞা জারি করা হয় এবং প্রয়োজনে ক্ষতিপূরণ সহ ক্ষতিপূরণ দাবি করা হয়।

- যদি প্রতিবেশী কোনও হুমকি দেয়, তাহলে এই ধরণের সমস্ত হুমকি রেকর্ড করার চেষ্টা করুন।

দ্রষ্টব্য: যদি তারা জল সরবরাহ বন্ধ করে পরোক্ষভাবে গাছপালা ক্ষতিগ্রস্ত করে তবে উপরের সমস্তগুলিও প্রযোজ্য।

এছাড়াও, কারও ব্যক্তিগত বাগানে টবে লাগানো গাছপালা এবং ছোট গাছপালা সম্পত্তি হিসাবে বিবেচিত হয় এবং সম্পত্তির ক্ষতির জন্য নাগরিক আদালত, পুলিশের সামনে, ম্যাজিস্ট্রেট, এসডিএম বা বন কর্মকর্তার কাছে অভিযোগ দায়ের করা যেতে পারে। অভিযোগের ধরণ এবং অভিযোগের ধরণ ক্ষতির পরিমাণের উপর নির্ভর করে পরিবর্তিত হতে পারে।

বিঃদ্রঃ: কোনও অভিযোগ দায়ের করার আগে ক্ষতির যথাযথ প্রমাণ (যেমন ছবি, ভিডিও, সিসিটিভি প্রমাণ ইত্যাদি) সংগ্রহ করা সর্বদা ভাল।

9.2 যদি প্রতিবেশীর অতিবৃদ্ধ গাছ আমাদের সম্পত্তির সীমানায় চলে আসে তাহলে কী করবেন?

প্রতিবেশীদের সাথে সমস্যা

যদি অতিবৃদ্ধ গাছ বা বেড়া আমাদের সম্পত্তির সীমানায় চলে যায়, তাহলে আমরা নিম্নলিখিতগুলি করতে পারি:

- যদি এটি সামান্য বৃদ্ধি পায়, তাহলে কেবল বেড়াগুলি ছাঁটাই করুন
- সমস্যাটি বন্ধুত্বপূর্ণভাবে সমাধান করার চেষ্টা করুন
- তাদের অতিবৃদ্ধ গাছগুলি বন্ধ করতে এবং বন্ধ করতে অনুরোধ করে একটি মামলা দায়ের করুন
- প্রতিবেশীর গাছ সম্পর্কে অভিযোগ করে বৃক্ষ কর্মকর্তা যেমন এসডিএম-এর কাছে আবেদন করুন
- যথেষ্ট উঁচু একটি সীমানা প্রাচীর স্থাপন করুন

9.3 সূর্যের আলো বা দৃশ্যের বাধা

কখনও কখনও, প্রতিবেশীর গাছ বা গাছপালা আপনার সম্পত্তি থেকে সূর্যালোক বা প্রাকৃতিক দৃশ্যকে বাধাগ্রস্ত করতে পারে, যা বিরোধের কারণ হতে পারে।

সমাধানের পদক্ষেপ:

- আলোচনা করুন: বাধা দূর করার জন্য প্রতিবেশীকে বিনয়ের সাথে তাদের গাছপালা বা গাছগুলি ছাঁটাই করার জন্য অনুরোধ করুন।

- মধ্যস্থতা খোঁজুন: যদি সরাসরি যোগাযোগ ব্যর্থ হয়, তাহলে মধ্যস্থতার জন্য হাউজিং সোসাইটি বা আরডব্লিউএকে জড়িত করুন।

- আইনি আশ্রয়: যদি সমস্যাটি আপনার জীবনযাত্রার মানকে উল্লেখযোগ্যভাবে প্রভাবিত করে, তাহলে স্থানীয় কর্তৃপক্ষের কাছে অভিযোগ দায়ের করুন অথবা আদালতের দ্বারস্থ হন।

9.4 উপসংহার

গাছপালা সম্পর্কিত বিরোধগুলি প্রায়শই যোগাযোগ এবং পারস্পরিক বোঝাপড়ার মাধ্যমে বন্ধুত্বপূর্ণভাবে সমাধান করা যেতে পারে। তবে, যদি সমস্যাটি থেকে যায়, তাহলে আপনার

সম্পত্তির অধিকার রক্ষার জন্য আইনি প্রতিকার পাওয়া যাবে।

অধ্যায় 10: যখন প্রতিবেশীরা আপনাকে হয়রানি করার জন্য মিথ্যা, ভিত্তিহীন অভিযোগ করে

একটি সভ্য সমাজে, প্রতিবেশীদের মধ্যে বিরোধগুলি আদর্শভাবে আলোচনা এবং পারস্পরিক বোঝাপড়ার মাধ্যমে সমাধান করা উচিত। তবে, কিছু ব্যক্তি হয়রানির উপায় হিসেবে মিথ্যা এবং অপ্রমাণিত অভিযোগ দায়ের করে। এই অভিযোগগুলি শব্দদূষণ, অবৈধ কার্যকলাপ, সম্পত্তি লঙ্ঘন, বা ঝামেলা সৃষ্টি করার উদ্দেশ্যে তৈরি অন্যান্য বানোয়াট দাবি সম্পর্কে হতে পারে।

মিথ্যা অভিযোগের গুরুতর পরিণতি হতে পারে। এর ফলে অপ্রয়োজনীয় পুলিশি হস্তক্ষেপ, আইনি ঝামেলা, কারও সুনামের ক্ষতি এবং প্রচণ্ড মানসিক চাপ দেখা দিতে পারে। এই অধ্যায়ে, আমরা প্রতিবেশীরা কেন মিথ্যা অভিযোগ করে,

এই ধরনের দাবির প্রভাব এবং নিজেকে রক্ষা করার জন্য আপনি কী আইনি ও ব্যবহারিক পদক্ষেপ নিতে পারেন তা অনুসন্ধান করব।

10.1 মিথ্যা অভিযোগের পিছনের উদ্দেশ্যগুলি বোঝা

যখন একজন প্রতিবেশী মিথ্যা অভিযোগ করেন, তখন তাদের কাজগুলি প্রায়শই একটি গোপন উদ্দেশ্য দ্বারা পরিচালিত হয়। কিছু সাধারণ কারণের মধ্যে রয়েছে:

- ব্যক্তিগত ক্ষোভ - সম্পত্তি, পার্কিং বা শব্দ নিয়ে পূর্বের বিরোধ একজন প্রতিবেশীকে ঘৃণার বশবর্তী হয়ে অভিযোগ জাল করতে পরিচালিত করতে পারে।

- ভয় দেখানোর চেষ্টা - কিছু প্রতিবেশী একটি প্রতিকূল পরিবেশ তৈরি করতে এবং অন্য পক্ষকে তাদের সম্পত্তি সরিয়ে নিতে বা বিক্রি করতে চাপ দেওয়ার জন্য মিথ্যা অভিযোগ ব্যবহার করে।

- জমি ও সম্পত্তির বিরোধ - অভিযোগগুলি সম্পত্তি দখল, জোরপূর্বক বিক্রি, অথবা

বৈধ প্রবেশাধিকার রোধ করার বৃহত্তর কৌশলের অংশ হতে পারে।

- মানসিক বা ব্যক্তিগত সমস্যা - কিছু ক্ষেত্রে, মিথ্যা অভিযোগকারী প্রতিবেশীদের ব্যক্তিগত নিরাপত্তাহীনতা, নিয়ন্ত্রণ সমস্যা বা ঝামেলা তৈরির ধরণ থাকতে পারে।

এই উদ্দেশ্যগুলি প্রাথমিকভাবে সনাক্ত করা যথাযথভাবে প্রতিক্রিয়া জানাতে সাহায্য করতে পারে।

10.2 মিথ্যা অভিযোগের প্রভাব

প্রতিবেশীর দ্বারা মিথ্যা অভিযোগের ফলে বিভিন্ন পরিণতি হতে পারে, যার মধ্যে রয়েছে:

- বারবার পুলিশ বা পৌরসভার অভিযোগ - অভিযুক্ত ব্যক্তি ভিত্তিহীন অভিযোগ তদন্তকারী কর্তৃপক্ষের ঘন ঘন পরিদর্শনের সম্মুখীন হতে পারেন।

- সুনামের ক্ষতি - প্রতিবেশীরা যদি গুজব ছড়ায় বা জনসাধারণের অভিযোগ দায়ের করে, তাহলে এটি সম্প্রদায়ের সামাজিক সম্পর্ককে প্রভাবিত করতে পারে।

- আইনি ঝামেলা এবং আর্থিক খরচ - যদি মিথ্যা অভিযোগ আইনি পদক্ষেপের দিকে পরিচালিত করে, তাহলে এর মধ্যে একজন আইনজীবী নিয়োগ করা এবং নিজের নাম পরিষ্কার করার জন্য আদালতে সময় ব্যয় করা অন্তর্ভুক্ত থাকতে পারে।
- মানসিক চাপ এবং মানসিক স্বাস্থ্য সমস্যা - চলমান হয়রানি উদ্বেগ, যন্ত্রণা এবং অসহায়ত্বের অনুভূতি সৃষ্টি করতে পারে।

পরিস্থিতি আরও খারাপ হওয়ার আগে প্রাথমিক পদক্ষেপ নেওয়াই মূল বিষয়।

10.3 মিথ্যা অভিযোগের মুখোমুখি হওয়ার সময় যে পদক্ষেপগুলি নেওয়া উচিত

ধাপ 1: শান্ত থাকুন এবং সরাসরি সংঘর্ষ এড়িয়ে চলুন

মিথ্যা অভিযোগের মুখোমুখি হলে, রাগ বা হতাশ বোধ করা স্বাভাবিক। তবে, শান্ত থাকা এবং আক্রমণাত্মক প্রতিক্রিয়া না দেখানো অত্যন্ত গুরুত্বপূর্ণ। অভিযুক্ত প্রতিবেশী আপনার বিরুদ্ধে যেকোনো মানসিক বিস্ফোরণ ব্যবহার করতে পারে।

ধাপ 2: সবকিছু নথিভুক্ত করুন

দাবির মিথ্যা প্রমাণের জন্য প্রমাণ সংগ্রহ করা অত্যন্ত গুরুত্বপূর্ণ। নিম্নলিখিত বিষয়গুলির রেকর্ড রাখুন:

- কর্তৃপক্ষের কাছ থেকে সমস্ত লিখিত অভিযোগ বা নোটিশ।
- কোনও অভিযোগ অস্বীকার করার জন্য সিসিটিভি ফুটেজ থাকলে, পাওয়া যায়।
- আপনার এখতিয়ারে বৈধ হলে, কথোপকথনের অডিও বা ভিডিও রেকর্ডিং।
- আপনার পক্ষে সাক্ষ্য দিতে পারে এমন অন্যান্য প্রতিবেশীদের সাক্ষীর বক্তব্য।

ধাপ 3: যেকোনো সরকারি অভিযোগের লিখিত জবাব দিন

যদি আপনি পুলিশ, হাউজিং সোসাইটি বা পৌর কর্তৃপক্ষের কাছ থেকে কোনও অভিযোগের বিষয়ে আনুষ্ঠানিক নোটিশ পান, তাহলে লিখিত জবাব দিন। স্পষ্টভাবে বলুন যে অভিযোগগুলি

মিথ্যা এবং দাবিগুলি খণ্ডন করার জন্য যেকোনো প্রমাণ সরবরাহ করুন। সমস্ত চিঠিপত্রের কপি রাখুন।

ধাপ 4: হয়রানির জন্য একটি পাল্টা অভিযোগ দায়ের করুন

ভারতীয় আইন অনুসারে, মিথ্যা অভিযোগের মাধ্যমে হয়রানির বিরুদ্ধে পাল্টা অভিযোগ দায়ের করে সমাধান করা যেতে পারে।

- ভারতীয় দণ্ডবিধির (আইপিসি) 182 ধারায় বলা হয়েছে যে সরকারি কর্মচারীদের কাছে মিথ্যা অভিযোগ করা একটি শাস্তিযোগ্য অপরাধ।

- আইপিসির 499 এবং 500 ধারা মানহানির সাথে সম্পর্কিত, যদি মিথ্যা অভিযোগ আপনার সুনামের ক্ষতি করে।

- আইপিসির 503 ধারায় হুমকি জড়িত থাকলে, ফৌজদারি ভীতি প্রদর্শনের বিষয়টি উল্লেখ করা হয়েছে।

স্থানীয় পুলিশ বা আবাসিক কল্যাণ সমিতি (আরডব্লিউএ) এর কাছে একটি লিখিত অভিযোগ দায়ের করা যেতে পারে।

ধাপ 5: অভিযোগ অব্যাহত থাকলে আইনি আশ্রয় নিন

যদি মিথ্যা অভিযোগ অব্যাহত থাকে, তাহলে আপনি আইনি পদক্ষেপ নেওয়ার কথা বিবেচনা করতে পারেন:

- প্রতিবেশীকে মিথ্যা অভিযোগ করা বন্ধ করার দাবিতে আইনি নোটিশ পাঠান।
- যদি অভিযোগগুলি আপনার সুনামের উল্লেখযোগ্য ক্ষতি করে থাকে তবে একটি দেওয়ানি মানহানির মামলা দায়ের করুন।
- আরও হয়রানি রোধে নিষেধাজ্ঞার জন্য আদালতের দ্বারস্থ হন।

10.4 বিকল্প পদ্ধতি হিসেবে মধ্যস্থতা

যদি সমস্যাটি গুরুতর না হয় কিন্তু সমস্যা সৃষ্টি করে, তাহলে মধ্যস্থতা একটি বাস্তব বিকল্প হতে পারে।

- RWA এবং হাউজিং সোসাইটিগুলিতে প্রায়শই অভিযোগ প্রতিকার ব্যবস্থা থাকে।

- একজন নিরপেক্ষ মধ্যস্থতাকারী, যেমন একজন সম্প্রদায়ের নেতা বা আইনজীবি, বিরোধগুলি সৌহার্দ্যপূর্ণভাবে সমাধানে সহায়তা করতে পারে।

এই পদ্ধতিটি বিশেষভাবে কার্যকর যখন উভয় পক্ষকে এখনও কাছাকাছি থাকতে হয়।

10.5 ভবিষ্যতে নিজেকে রক্ষা করার জন্য প্রতিরোধমূলক ব্যবস্থা

আবার মিথ্যা অভিযোগের লক্ষ্যবস্তুতে না পড়ার জন্য, সক্রিয় পদক্ষেপ নিন:

- প্রয়োজনে ভিডিও প্রমাণের জন্য প্রবেশপথে সিসিটিভি ক্যামেরা স্থাপন করুন।
- অপ্রয়োজনীয় দ্বন্দ্ব এড়াতে সমস্যাযুক্ত প্রতিবেশীর সাথে মিথস্ক্রিয়া সীমিত করুন।
- অন্যান্য প্রতিবেশীদের সাথে একটি ভাল সম্পর্ক তৈরি করুন যাতে তারা প্রয়োজনে আপনার চরিত্রের পক্ষে নিশ্চিত করতে পারে।
- হয়রানির ইতিহাস প্রতিষ্ঠার জন্য বিরোধ সম্পর্কিত সমস্ত মিথস্ক্রিয়া নথিভুক্ত করুন।

10.6 উপসংহার

প্রতিবেশীদের মিথ্যা অভিযোগগুলি বিরক্তিকর হতে পারে, তবে একটি কৌশলগত পদ্ধতি - শান্ত থাকা, প্রমাণ সংগ্রহ করা এবং আপনার আইনি অধিকারগুলি জানা - আপনাকে পরিস্থিতি কার্যকরভাবে মোকাবেলা করতে সহায়তা করতে পারে। যদিও আইনি প্রতিকার বিদ্যমান, তবুও মধ্যস্থতা বা RWA হস্তক্ষেপের মাধ্যমে শান্তিপূর্ণ সমাধানের চেষ্টা সর্বদা প্রথমে বিবেচনা করা উচিত।

প্রতিবেশীদের সাথে সম্প্রীতির সাথে বসবাস করা আদর্শ, কিন্তু যখন ভিত্তিহীন অভিযোগের মুখোমুখি হয়, তখন একজনকে দৃঢ়ভাবে দাঁড়াতে হবে এবং তাদের অধিকার রক্ষার জন্য প্রয়োজনীয় পদক্ষেপ নিতে হবে।

অধ্যায় 11: উপসংহার

পূর্ববর্তী অধ্যায়গুলিতে, আমরা শব্দদূষণ এবং দখল থেকে শুরু করে ইউটিলিটি, পোষা প্রাণী এবং গাছের সমস্যা পর্যন্ত বিভিন্ন ধরণের প্রতিবেশী-সম্পর্কিত বিরোধগুলি অন্বেষণ করেছি। আমরা সরাসরি যোগাযোগ এবং মধ্যস্থতা থেকে শুরু করে আইনি প্রতিকার পর্যন্ত এই সমস্যাগুলি সমাধানের কৌশলগুলিও রূপরেখা দিয়েছি।

11.1 ভালো প্রতিবেশী সম্পর্কের গুরুত্ব

প্রতিবেশীদের সাথে একটি সুরেলা সম্পর্ক একজনের জীবনযাত্রার মানকে ব্যাপকভাবে উন্নত করতে পারে। ভালো প্রতিবেশী সম্প্রদায়ের অনুভূতি, পারস্পরিক সহায়তা এবং নিরাপত্তার ক্ষেত্রে অবদান রাখে। তবে, প্রতিবেশীদের সাথে দ্বন্দ্ব চাপ সৃষ্টি করতে পারে, সম্পত্তির মূল্য হ্রাস করতে পারে এবং মানসিক ও শারীরিক সুস্থতার উপর নেতিবাচক প্রভাব ফেলতে পারে।

11.2 দ্বন্দ্ব প্রতিরোধের জন্য সক্রিয় ব্যবস্থা

যদিও কিছু প্রতিবেশী বিরোধ অনিবার্য, নিম্নলিখিত সক্রিয় ব্যবস্থা গ্রহণ দ্বন্দ্ব কমাতে সাহায্য করতে পারে:

- উন্মুক্ত যোগাযোগ: প্রতিবেশীদের সাথে বন্ধুত্বপূর্ণ সম্পর্ক গড়ে তুলুন এবং ছোটখাটো সমস্যাগুলি বৃদ্ধি পাওয়ার আগেই সমাধান করুন।

- সম্প্রদায়ের সম্পৃক্ততা: ঐক্য এবং বোঝাপড়ার অনুভূতি গড়ে তোলার জন্য পাড়ার ইভেন্টগুলিতে অংশগ্রহণ করুন বা আয়োজন করুন।

- স্পষ্ট সীমানা: সম্পত্তির রেখা এবং দায়িত্বগুলি স্পষ্টভাবে চিহ্নিত করুন, বিশেষ করে ভাগ করা জায়গায়।

- ঘটনা নথিভুক্ত করুন: ভবিষ্যতের রেফারেন্সের জন্য সমস্যাযুক্ত আচরণ বা বিরোধের রেকর্ড বজায় রাখুন, যদি বৃদ্ধির প্রয়োজন হয়।

11.2 কখন আইনি প্রতিকার চাইবেন

প্রতিবেশীদের সাথে সমস্যা

আইনি পদক্ষেপকে শেষ অবলম্বন হিসেবে বিবেচনা করা উচিত। এটি প্রায়শই সময়সাপেক্ষ, ব্যয়বহুল এবং চাপপূর্ণ। তবে, হয়রানি, সহিংসতা বা বারবার অপরাধের ক্ষেত্রে, আপনার অধিকার রক্ষার জন্য আইনি হস্তক্ষেপ প্রয়োজন হয়ে পড়ে।

মেইক উইকিংয়ের দ্য লিটল বুক অফ লাইকে-তে যেমনটি তুলে ধরা হয়েছে, দীর্ঘমেয়াদী সুখের অন্যতম চাবিকাঠি হল একটি সহায়ক সম্প্রদায় থাকা যেখানে প্রতিবেশীরা একে অপরের উপর নির্ভর করতে পারে। দুর্ভাগ্যবশত, সকলেই সহযোগী প্রতিবেশী থাকার সৌভাগ্যবান নয়। এই ধরনের ক্ষেত্রে, আপনার অধিকারগুলি বোঝা এবং কীভাবে কার্যকরভাবে সমস্যাগুলি সমাধান করতে হয় তা জানা একটি উল্লেখযোগ্য পরিবর্তন আনতে পারে।

আশা করা যায় যে এই বইটি প্রতিবেশী-সম্পর্কিত বিরোধগুলি সমাধানের জন্য, ব্যক্তি এবং সম্প্রদায়ের জন্য জীবনযাত্রার মান উন্নত করার জন্য একটি ব্যবহারিক নির্দেশিকা হিসেবে কাজ করবে।

লেখকদের সম্পর্কে

শিব প্রসাদ বোস একজন অবসরপ্রাপ্ত বৈদ্যুতিক প্রকৌশলী এবং ভারতে আইনের দিকগুলির উপর ভূমিকা নির্দেশিকা লেখক। তিনি উত্তর প্রদেশ পাওয়ার কর্পোরেশন লিমিটেডে (UPPCL, পূর্বে UPSEB) বহু বছর চাকরি করার পর অবসর গ্রহণ করেন। তিনি কলকাতার যাদবপুর বিশ্ববিদ্যালয় থেকে ইঞ্জিনিয়ারিং ডিগ্রি অর্জন করেন এবং মিরাটের মিরাট বিশ্ববিদ্যালয় থেকে আইন ডিগ্রি এবং গাজিয়াবাদের এমএমএইচ কলেজ থেকে বিএসসি ডিগ্রি অর্জন করেন। পারিবারিক আইন, নাগরিক আইন, চুক্তি আইন, এবং পাওয়ার গ্রিড এবং অন্যান্য বিদ্যুৎ সম্পর্কিত বিষয়গুলির সাথে সম্পর্কিত আইনের ক্ষেত্রগুলিতে তার আগ্রহ রয়েছে।

জয় বোস পেশায় একজন ডেটা বিজ্ঞানী।

পরিশিষ্ট ক: আইনি পরিভাষার শব্দকোষ

এই বইয়ে ব্যবহৃত প্রধান আইনি পরিভাষাগুলির ব্যাখ্যা নিচে দেওয়া হয়েছে। এগুলি বুঝলে আইনজীবী ও কর্তৃপক্ষের সাথে যোগাযোগ করা সহজ হবে।

প্রতিকূল দখল (Adverse Possession): একটি আইনি মতবাদ যার অধীনে কেউ যদি মালিকের অনুমতি ছাড়া ১২ বছর ধরে ক্রমাগত ও প্রকাশ্যে কোনও জমি দখলে রাখে, তাহলে সে ওই জমির আইনি মালিক হয়ে যেতে পারে।

BNS (ভারতীয় ন্যায় সংহিতা): ২০২৩ সালে প্রণীত নতুন ফৌজদারি বিধি যা IPC-র স্থলাভিষিক্ত হয়েছে। IPC-র অধিকাংশ ধারা সংশোধিত আকারে BNS-এ বজায় রাখা হয়েছে।

প্রতিবেশীদের সাথে সমস্যা

দেওয়ানি অনুপ্রবেশ (Civil Trespass): হুমকি বা সহিংসতা ছাড়া অন্যের সম্পত্তিতে অবৈধ প্রবেশ বা দখল। এর জন্য দেওয়ানি আদালতে মামলা করা যায়।

ভোক্তা ফোরাম: ভোক্তা সুরক্ষা আইনের অধীনে প্রতিষ্ঠিত আধা-বিচারিক সংস্থা যা ভোক্তা ও সেবা প্রদানকারীর মধ্যে বিরোধ নিষ্পত্তি করে। হাউজিং সোসাইটি সম্পর্কিত মামলা এখানে দায়ের করা যেতে পারে।

ফৌজদারি অনুপ্রবেশ (Criminal Trespass): যে অনুপ্রবেশে অপরাধ করার, ভয় দেখানো বা অপমান করার উদ্দেশ্য থাকে। IPC ধারা ৪৪১ / BNS-এর অধীনে দণ্ডনীয়।

DCP (পুলিশ উপ-কমিশনার): একজন জ্যেষ্ঠ পুলিশ কর্মকর্তা যিনি একটি জেলার দায়িত্বে। স্থানীয় পুলিশ সাড়া না দিলে তাঁর সাথে যোগাযোগ করা যেতে পারে।

FIR (প্রথম তথ্য প্রতিবেদন): আমলযোগ্য অপরাধের তথ্য পেলে পুলিশ কর্তৃক প্রস্তুত আনুষ্ঠানিক লিখিত দলিল। পুলিশি পদক্ষেপ শুরু করার জন্য এটি অপরিহার্য।

নিষেধাজ্ঞা (Injunction): আদালতের সেই আদেশ যা কোনও পক্ষকে কিছু করতে বাধা দেয় (নিষেধমূলক) বা করতে নির্দেশ দেয় (বাধ্যতামূলক)। সম্পত্তি ও উপদ্রব বিরোধে সাধারণত ব্যবহৃত হয়।

IPC (ভারতীয় দণ্ডবিধি): ভারতের প্রধান ফৌজদারি বিধি, যা ২০২৪ সাল থেকে BNS দ্বারা প্রতিস্থাপিত হচ্ছে।

NC অভিযোগ (অ-আমলযোগ্য অভিযোগ): এমন অপরাধের অভিযোগ যেখানে পুলিশ ম্যাজিস্ট্রেটের আদেশ ছাড়া তদন্ত করতে পারে না। ছোটখাটো বিরোধে কার্যকর।

সার্বজনিন উপদ্রব (Public Nuisance / IPC ২৬৮): এমন কাজ যা জনসাধারণ বা আশেপাশের মানুষদের ক্ষতি, বিপদ বা বিরক্তির কারণ হয়।

RWA (রেসিডেন্ট ওয়েলফেয়ার অ্যাসোসিয়েশন): একটি নিবন্ধিত সংস্থা যা আবাসিক কমপ্লেক্স, কলোনি বা গেটেড কমিউনিটির বাসিন্দাদের স্বার্থ প্রতিনিধিত্ব করে।

SDM (উপ-বিভাগীয় ম্যাজিস্ট্রেট): একটি উপ-বিভাগের উপর আধা-বিচারিক ক্ষমতাসম্পন্ন সরকারি কর্মকর্তা। অনুপ্রবেশ, গাছপালা ও প্রবীণ নাগরিক সুরক্ষা বিষয়ে অভিযোগ করা যায়।

অপকৃত্য / টর্ট (Tort): একটি দেওয়ানি অন্যায় যা অন্য ব্যক্তির ক্ষতি করে। এর মধ্যে অনুপ্রবেশ, উপদ্রব ও অবহেলা অন্তর্ভুক্ত।

পরিশিষ্ট খ: দ্রুত রেফারেন্স — কোন সমস্যায় কোথায় যোগাযোগ করবেন

প্রতিবেশী সমস্যায় পড়লে এই গাইডটি প্রথম রেফারেন্স হিসেবে ব্যবহার করুন। সবসময় প্রথমে শান্তিপূর্ণ আলোচনার চেষ্টা করুন, তারপর প্রয়োজনে পরবর্তী পদক্ষেপ নিন।

অতিরিক্ত শব্দ (রাতে / পার্টি)

0. প্রথমে: সরাসরি প্রতিবেশীকে বা WhatsApp-এ জানান।
1. সাড়া না পেলে: RWA / হাউজিং সোসাইটিতে অভিযোগ করুন।
2. পরবর্তী পদক্ষেপ: পুলিশকে ১০০ / ১১২-তে ফোন করুন।
3. আইনি ভিত্তি: IPC ধারা ২৬৮ ও ২৯০ / BNS; শব্দ দূষণ নিয়ন্ত্রণ বিধি ২০০০।

অবৈধ দখল বা নির্মাণ

4. ছবি / CCTV দিয়ে দলিলীকরণ করুন; প্রতিবেশীর সাথে কথা বলুন।

5. পৌর কর্পোরেশন (MCD, নগর নিগম ইত্যাদি)-এ অভিযোগ দায়ের করুন।

6. থানায় অভিযোগ করুন; দেওয়ানি বা ফৌজদারি মামলা দায়ের করুন।

7. আরও নির্মাণ রোধে তাৎক্ষণিক আদালতে নিষেধাজ্ঞার আবেদন করুন।

বিদ্যুৎ চুরি বা হস্তক্ষেপ

8. বিদ্যুৎ সরবরাহকারীকে (BESCOM, BSES, DISCOM) প্রযুক্তিবিদ পাঠাতে বলুন।

9. বিদ্যুৎ বোর্ডে অনলাইনে বা সরাসরি অভিযোগ দায়ের করুন।

10. সরবরাহ ইচ্ছাকৃতভাবে বিচ্ছিন্ন হলে ১০০ / ১১২-তে ফোন করুন।

11. আইনি ভিত্তি: বিদ্যুৎ আইন ২০০৩-এর ধারা ১৩৫।

প্রতিবেশীদের সাথে সমস্যা

পানি চুরি বা সরবরাহে বাধা

12. জল নিগম / জল বোর্ডে অভিযোগ দায়ের করুন।

13. সরবরাহ ইচ্ছাকৃতভাবে বিচ্ছিন্ন হলে পুলিশে অভিযোগ করুন।

হুমকি বা সহিংসতা

14. অবিলম্বে ১০০ / ১১২-তে ফোন করুন।

15. স্থানীয় থানায় FIR দায়ের করুন।

16. প্রবীণ নাগরিকদের জন্য: ১০৯০ / ১২৯১ বা সিনিয়র সিটিজেন সেলে ফোন করুন।

17. মহিলাদের জন্য: NCW-তে যোগাযোগ করুন; স্থানীয় থানার মহিলা সেল।

18. আইনি ভিত্তি: IPC / BNS ধারা ৫০৬ (ফৌজদারি ভীতি); ধারা ৪২৫ (দুষ্টুমি)।

সম্পত্তিতে অনুপ্রবেশ

19. ছবি ও সাক্ষীর বিবৃতি দিয়ে দলিলীকরণ করুন।

20. পুলিশে অভিযোগ করুন; দখল পুনরুদ্ধারের জন্য দেওয়ানি মামলা দায়ের করুন।

21. ১২ বছরের মধ্যে পদক্ষেপ নিন — দেরি করলে প্রতিকূল দখলের ঝুঁকি।

22. আইনি ভিত্তি: IPC ধারা ৪৪১-৪৪৭ / BNS।

মিথ্যা অভিযোগ

23. শান্ত থাকুন; দাবি খণ্ডন করতে সব প্রমাণ সংগ্রহ করুন।

24. যেকোনো সরকারি নোটিশের লিখিত জবাব দিন।

25. হয়রানি অব্যাহত থাকলে পাল্টা অভিযোগ দায়ের করুন।

26. আইনি ভিত্তি: IPC ধারা ১৮২ (মিথ্যা অভিযোগ); ৪৯৯-৫০০ (মানহানি)।

গুরুত্বপূর্ণ জরুরি নম্বর

27. পুলিশ: ১০০ / ১১২
28. মহিলা হেল্পলাইন: ১০৯১
29. প্রবীণ নাগরিক হেল্পলাইন: ১০৯০ / ১২৯১
30. শিশু হেল্পলাইন: ১০৯৮
31. জাতীয় ভোক্তা হেল্পলাইন: ১৮০০-১১-৪০০০

www.ingramcontent.com/pod-product-compliance
Lightning Source LLC
Chambersburg PA
CBHW070649220526
45466CB00001B/352
* 9 7 8 1 6 8 5 3 8 5 1 6 3 *